DAS BARHANDBUCH GIN

DAS BARHANDBUCH GIN

Klassische und moderne Cocktails für Gin-Liebhaber

INHALT

Eine kurze GESCHICHTE des GINS

Der Gin von heute blickt auf eine jahrhundertealte Geschichte zurück – vom anfänglichen Tröster der Armen und Notleidenden bis hin zum Getränk der Reichen und Privilegierten. Dabei ist Gin nur eines von zahlreichen Destillationserzeugnissen. Schon im 1. Jahrhundert, als das Römische Reich in voller Blüte stand und das Christentum gerade im Entstehen begriffen war, destillierten arabische Alchemisten im Nahen Osten mit ersten Brennblasen. Sie experimentierten mit Elixieren aller Art und knüpften an älteres Wissen zu Destillationsprozessen an, wie etwa dem der antiken Griechen.

Bis zum 12. Jahrhundert war die Kunst der Destillation auch nach Europa vorgedrungen. Ihre ersten Anwender waren Benediktinermönche im italienischen Salerno. Den Alkohol nutzte man damals vorwiegend zum Konservieren kostbarer Zutaten für Heilmittel. Der Brennvorgang war zu dieser Zeit noch recht primitiv, sodass die alkoholischen Erzeugnisse dieser Destillationen kaum genießbar waren.

Im Lauf der Jahrhunderte wurde das zunächst noch recht unausgereifte Verfahren verfeinert. Ab 1600 brannte man bereits vielerorts Spirituosen auf der Basis von Korn und Trauben: Chartreuse, Armagnac und der Gin-Vorläufer Genever zählten dazu. Der Genever ist ein Getreideschnaps, der mittels Destillation in Brennblasen erzeugt und mit Wacholder aromatisiert wird. Der Name „Genever“ leitet sich vom niederländischen Wort für Wacholder, „jeneverbes“, ab. Vor allem in den Niederlanden und Belgien wird die Herstellung dieses Gin-

Urvaters bis heute weiter gepflegt, unter anderem in der traditionsreichen, 1575 in Amsterdam eröffneten Destillerie Bols.

Im 17. Jahrhundert erlangte der Genever in Großbritannien eine ungeheure Beliebtheit. Auf dem Kontinent wütete von 1618 bis 1648 der Dreißigjährige Krieg und erschwerte den Zugang zu Spirituosen, und zur selben Zeit erschloss sich die Niederländische Ostindien-Kompanie auf dem Schiffsweg neue Märkte. Der Genever war damals im niederländischen Militär das Standardgetränk vor Schlachten. Und so übernahmen britische Soldaten, die mit den Niederländern damals militärisch verbündet waren, diese Trinkgewohnheit und brachten sie nach Großbritannien. Über den Ärmelkanal florierte schon bald die Einfuhr riesiger Mengen an Genever. Die Vorliebe für diese Spirituose erfasste rasch auch die Stadt London. Britische Destillateure produzierten ab 1700 den ersten englischen Gin. Ohne Vorschriften für Lizenzvergabe und Herstellung wuchs die Menge der in London angebotenen Alkoholika gewaltig an. Die frühen englischen Gins wurden mit unterschiedlichen Methoden und Zutaten erzeugt. Stets aber war Getreide die Grundlage, während Wacholder als Aromaträger diente. Zwischen 1700 bis 1760 erlebte die Gin-Geschichte eines ihrer unschönsten Kapitel. Die Zeit der sogenannten Gin-Krise war geprägt von Sucht, Gewalt, gesellschaftlichem Verfall und Tausenden alkoholbedingten Todesfällen. Die englische Regierung erließ daraufhin Gesetze, um diese fatale Entwicklung zu beenden. So nüchterte London langsam aus, und einige der bis heute bedeutendsten Gin-Marken entstanden zu dieser Zeit.

Das 19. Jahrhundert war das große Zeitalter der Cocktails. In den 1830er-Jahren kam die Brennsäule auf, die die Herstellung von Gin und allen anderen Spirituosen revolutionierte. Dank des effizienteren Brennvorgangs konnten nun deutlich reinere Brände erzeugt werden. Die Destillate mussten nicht mehr geschmacklich aufgewertet werden, sodass die Hersteller auf Zucker und andere Zusatzstoffe verzichten konnten – auf diese Weise entstand der Dry Gin.

Darstellung eines Gin-Shops aus „Skizzen von Boz" von Charles Dickens (1836)

Die nahezu ungenießbaren Gins des 18. Jahrhunderts verschwanden zunehmend, und der hochwertige Dry Gin wurde allerorts geschätzt. Das schmackhafte Getränk florierte selbst zur Zeit der US-amerikanischen Prohibition. Es steigerte seine Beliebtheit bis in die Mitte der 1950er-Jahre sogar. Danach allerdings überließ der Gin dem Wodka die Bühne. Doch seit den Nullerjahren erlebt er eine Renaissance, und die Gin-Produktion feiert einen weltweiten Boom.

VOM GETREIDE *zum* GETRÄNK

In seiner einfachsten Form ist Gin reiner Alkohol, der mit Wacholder und weiteren pflanzlichen Geschmacksstoffen – den Botanicals – aromatisiert wird. Den Alkohol erzeugt man gemeinhin mittels Brennblasen oder -säulen durch Destillation einer alkoholhaltigen Lösung aus Korn oder Trauben. Ausgangsstoff für die meisten Gins ist Trinkalkohol, der im Säulenbrennverfahren produziert wird. Dieses seit Mitte des 19. Jahrhunderts praktizierte Verfahren hat die Spirituosenherstellung revolutioniert. Manche Großbrennereien können jährlich über 100 Millionen Liter reinen Alkohol erzeugen!

Inzwischen sind solche Großbrennereien vor allem für die Spirituosenindustrie unverzichtbar – auch wenn dort nichts mehr an die schimmernden Kupferbrennblasen erinnert, die in der Endphase der ursprünglichen Gin-Herstellung eingesetzt werden. Um die Bedeutung des Neutralalkohols bei der Gin-Produktion verstehen zu können, ist es hilfreich, Alkohol als solchen näher zu betrachten. Alle alkoholischen Getränke sind eine Verbindung aus Hefe und Zucker. Hefen sind einzellige Pilze. Unter den passenden Bedingungen wandeln sie die vergärbaren Zuckeranteile einer Lösung in Alkohol um. Dabei entscheidet die Ausgangsflüssigkeit darüber, welches Getränk entsteht: Aus Traubensaft wird Wein, aus Apfelsaft Cider und aus malzhaltigen Flüssigkeiten Bier.

Die Kunst der Gärung hat eine jahrtausendealte Tradition. Aus ihr haben sich die vielen alkoholischen Getränke entwickelt, die wir heute kennen.

Englischer Gin wird überwiegend aus Getreidealkohol hergestellt, der in Brennsäulen destilliert wird. Das Korn wird hierzu gemahlen, mit heißem Wasser vermischt und mit Hefe vergoren. Die so entstandene Mischung nennt man in der Spirituosenbranche wash. Der Brennvorgang beruht darauf, dass Alkohol bei niedrigeren Temperaturen siedet als Wasser. Wird die Flüssigkeit erwärmt, trennt sich der Alkohol vom wash und steigt als Dampf auf. Er wird aufgefangen und kondensiert wieder zu einer Flüssigkeit, wodurch die Spirituose entsteht. Brennsäulen sind ideal für die Gin-Produktion: Im Gegensatz zu anderen Destillationsapparaten lässt sich mit ihnen ein Destillat mit hohem Alkoholgehalt erzeugen, das frei von Verunreinigungen ist.

Anders als die Malt-Whisky- oder Cognac-Destillerien setzen viele Gin-Brennereien nicht bei den Rohstoffen und der Vergärung an. Sie kaufen stattdessen Neutralalkohol, den sie erneut destillieren und weiterverarbeiten, bis er ihren Vorstellungen entspricht. Die EU-Vorschriften begünstigen dieses Vorgehen. Ihnen zufolge muss der für die Erzeugung von Dry und London Gin genutzte Basisalkohol einen Alkoholgehalt von mindestens 96 Vol.-% aufweisen. Mit traditionellen Destillationsapparaturen lässt sich dieser Wert kaum erreichen. Zur Aromatisierung wird der Basisalkohol dann mit den Botanicals zusammengebracht.

Um die Botanicals mit dem Alkohol zu „vermählen", setzen die Destillateure verschiedene Methoden, Gerätschaften und Destillen ein. Neben dem Aromatisierungsverfahren und der verwendeten Ausrüstung entscheiden auch Menge und Kombination der eingesetzten Botanicals darüber, welche Sorte Gin mit welchem Geschmack entsteht.

Am gängigsten sind das *Steep-and-boil*-Verfahren und die „Dampfinfusion". Bei der ersten Methode weicht man die Botanicals im Basisalkohol ein, der auf einen Alkoholgehalt von 50 bis 60 Vol.-% verdünnt wurde. Einige Hersteller lassen die Botanicals Tage ziehen, andere nur Stunden. Im nächsten Schritt wird der Alkohol erneut destilliert.

Abfüllanlage für Gin

Bei der Dampfinfusion gibt man die Botanicals in einen Korb, der im Hals der Brennblase aufgehängt wird. Die Alkoholdämpfe durchziehen den Korb und nehmen dabei die Geschmacksstoffe der Botanicals auf. Sobald der Dampf abkühlt und kondensiert, entsteht ein aromatischer Gin. Daneben gibt es weitere Verfahren, deren Ziel stets dasselbe ist: Die pflanzlichen Aromastoffe sollen in den Alkohol übergehen.

Zu guter Letzt wird der Gin mit Wasser verdünnt. Der Alkoholgehalt beträgt meist 37,5 Vol.-%. Aber auch stärkere Abfüllungen mit geringerem Wasserzusatz sind erlaubt.

BOTANICALS

Ohne die Botanicals wäre der Gin schlichtweg Neutralalkohol ohne jeglichen Charakter. Unter den wachsamen Augen des Gin-Brenners geben die Botanicals ihre kostbaren Öle und Aromen an den Alkohol ab, und es entsteht ein breites Spektrum an geschmacklichen Nuancen.

Besonders wichtig ist der Wacholder: Von ihm stammt der Löwenanteil der Aromen und auch per Gesetz sollte der Geschmack des Gins von ihm dominiert werden. Die meist als Beeren bezeichneten Zapfen des Wacholders entfalten ein wohlriechendes Aroma. Ihre ölreichen Samen liefern die wertvollen chemischen Verbindungen, die den Gin so unverwechselbar machen. In erster Linie ist hier das α-Pinen zu nennen, das Anklänge von Kiefer, Rosmarin, Lavendel, Heidekraut und Kampfer besitzt – um nur einige der Geschmacksnuancen zu nennen. Enthalten ist ferner der Stoff Limonen, der Zitrusnoten beisteuert. Beide Aromen finden sich auch in weiteren Gin-Botanicals, da sie vielen Pflanzen zur Abwehr von Insekten dienen.

Wacholder

Die widerstandsfähige Pflanze gedeiht zwar weltweit, die Beeren für die Gin-Herstellung stammen aber überwiegend aus Osteuropa, der Toskana und Marokko. Ihre Ernte ist mühsam und zeitaufwendig. Denn die Pflanze trägt das ganze Jahr über sowohl reife als auch unreife Beeren. Zudem kann es drei Jahre dauern, bis eine Beere pflückreif ist. Um weder reifende Beeren noch die nächstjährige Ernte zu gefährden, müssen die Beeren daher von Hand gepflückt werden. Jedes Jahr werden so Hunderte Tonnen an wild wachsenden Wacholderbeeren geerntet, die für die Spirituosenherstellung bestimmt sind. Für den Geschmack des Gins sind jedoch noch weitere Botanicals von Bedeutung, die in ihrem Zusammenspiel wie Instrumente eines Orchesters eine wahre Geschmackssinfonie erzeugen. Neben Wacholder sind Koriandersamen, Angelika-, Iris- und Süßholzwurzel, Cassia-Rinde sowie Zitrusschalen die häufigsten Botanicals.

Koriandersamen

Sie stammen aus Marokko, Bulgarien, Russland und Rumänien. Die Samen sind reich an Linalool. Das ätherische Öl ist würzig und aromatisch und liefert holzige Noten sowie einen Hauch von Zitrusfrüchten und -blüten.

Angelikawurzel

Sie kommt hauptsächlich aus Deutschland und Belgien. Mit Wacholder teilt sie zwei Hauptbestandteile: das holzige α-Pinen und das Limonen mit seinen Zitrusnoten. Insgesamt ist das Aroma der Angelikawurzel jedoch milder. Die Wurzel fungiert auch als Fixativ, welches die flüchtigeren Aromastoffe in der Spirituose hält.

Iriswurzel

Sie gehört zu den kostbarsten Gin-Zutaten und stammt häufig aus der Gegend von Florenz. Das Wachstum des Wurzelstocks dauert mehrere Jahre. Anschließend werden die Wurzeln drei Jahre gelagert und getrocknet. Sie sind dann sehr hart und müssen vor der Verwendung zu Pulver zermahlen werden. Ihr Aroma ist deutlich zurückhaltender als das von Wacholder und Koriander. Wie Angelika bindet die Iriswurzel flüchtigere Geschmackskomponenten. Viele Gin-Destillateure schätzen ihr feines Aroma.

Cassia-Rinde

Die Zimtkassie gehört zur Familie der Lorbeergewächse und wächst vor allem in China und Vietnam sowie auf Madagaskar. Die Rinde wird gesammelt und getrocknet. Sie besitzt ein warmes, würziges Zimtaroma.

Süßholzwurzel

Diese harte, faserige Wurzel aus Indochina wird ebenfalls vor der Verwendung fein gemahlen. Die Süßholzwurzel liefert Süße und harmonisiert in Verbindung mit kräftigeren Botanicals das Aroma.

Zitrusschalen

Zitronen und Orangen spielen in den meisten Gins eine wichtige Rolle: Die Schalen der Früchte tragen mit ihren markanten Aromen maßgeblich zum Geschmack bei. Besonders begehrt sind Orangen und Zitronen aus dem spanischen Sevilla. Die Schalen werden dort von Hand entfernt und in der Sonne getrocknet. Diesen am meisten verwendeten Botanicals stehen viele weitere zur Seite, darunter Kardamom, Paradieskörner, Ingwer, Kubebenpfeffer und Anis. Oft wählen Gin-Produzenten Botanicals, die vor Ort gedeihen, um unverwechselbare Hintergrundaromen zu kreieren.

Einige der pflanzlichen Aromastoffe von Gin

Bei all den unzähligen Aromakombinationen und verschiedensten Infusionsverfahren ist die zukünftige Entwicklung des Gins absehbar: Zu erwarten ist noch einiges an Innovation, Vielfalt und betörenden Aromen.

DEFINITION *und* SORTEN *im* ÜBERBLICK

Was kennzeichnet einen Gin?

Laut gesetzlicher Definition ist Gin eine destillierte Spirituose, deren Geschmack von Wacholder und anderen Botanicals bestimmt ist. Abhängig vom jeweiligen Herstellungsverfahren, wirken diese pflanzlichen Stoffe vor, während und nach der Destillation auf die Spirituose ein.

Gin wird weltweit produziert. Die rechtlichen Vorgaben variieren geringfügig, doch die Spirituose muss stets das Destillationsprodukt eines neutralen Basisalkohols sein und überwiegend nach Wacholder schmecken. In Europa beträgt der gesetzliche Mindestalkoholgehalt von Gin 37,5 Vol.-%, gegenüber 40 Vol.-% in den Vereinigten Staaten (80 proof). Alle in Europa hergestellten Gin-Sorten unterliegen der EU-Spirituosenverordnung von 2008 und fallen in eine von drei Kategorien: Gin, destillierter Gin und London Gin.

Gin

Für die Vertreter dieser grundlegendsten Kategorie wird neutralem Basisalkohol eine Reihe zugelassener natürlicher oder naturidentischer Aromastoffe hinzugefügt. Die Gins bedürfen hierbei keiner erneuten Destillation. Ihre Herstellung ist damit einfach und kostengünstig. Da es keine Vorgaben zu Zusatzstoffmengen gibt, gelten diese Gins gegenüber anderen Gin-Kategorien als weniger hochwertig.

Destillierter Gin

Hierfür wird neutraler Basisalkohol (Mindestalkoholgehalt 96 Vol.-%) mit Botanicals erneut destilliert. Das aromatisierte Destillationsprodukt kann in jeder Stärke erzeugt werden. Es darf mit bestimmten natürlichen oder naturidentischen Stoffen aromatisiert und gefärbt werden.

London Gin

Bei diesen Gins wird ein hochgradig reiner Neutralalkohol (mindestens 96 Vol.-%) mit allen

Zusatzstoffen in einer traditionellen Brennapparatur redestilliert. Das Destillationsprodukt muss einen Mindestalkoholgehalt von 70 Vol.-% aufweisen. Naturidentische Zusätze sind hierbei nicht zulässig.

Jeder im Handel erhältliche Gin gehört zu einer dieser Kategorien und ist entweder ein Gin, ein destillierter Gin oder ein London Gin.

London Dry und Dry Gin

Diese Gins gehören in die Kategorie London Gin, die es seit den 1830er-Jahren gibt. Zu dieser Zeit ermöglichte das durch Aeneas Coffey verbesserte Säulenbrennverfahren einen reineren Basisalkohol. Die Destillateure erkannten, dass sie ihre Brände nicht länger mit Süßungsmitteln und anderen Zusätzen aufwerten mussten – auf diese Weise entstand der Dry Gin. Ursprünglich wurde er ausschließlich in London hergestellt. Inzwischen wird er jedoch weltweit produziert, wobei viele Dry Gins aus den Vereinigten Staaten kommen. Dry Gin ist der wohl reinste Gin am Markt.

Old Tom Gin

Der Old Tom gehört zu den destillierten Gins und war der Vorläufer des London Dry Gin. Vor der Säulendestillation nutzten Londons Destillateure verschiedene Arten von Brennblasen. Aus diesem Grund und in Verbindung mit fehlendem Fachwissen entwickelten die entsprechenden Destillate einen unangenehmen Beigeschmack. Um diesen zu überdecken, fügte man nach dem Brennvorgang weitere Zutaten hinzu. Wie alle Gins erlebt auch der Old Tom Gin derzeit ein Revival. Da ihm eine geringe Menge Zucker zugesetzt wird, ist er im Allgemeinen süßer als der Dry Gin.

Compound Gin

Er gehört in die Kategorie Gin und wird erzeugt, indem man Wacholder und Botanicals mit neutralem Basisalkohol vermischt. Compound Gin stammt aus der Zeit der Prohibition und der illegalen Spirituosenproduktion. Im Allgemeinen gilt er als minderwertiger. Dank verbesserter Herstellungsverfahren sind jedoch inzwischen einige Vertreter der Compound Gins im Spirituosenfachhandel und bei Wettbewerben sehr erfolgreich.

Gin mit geografischer Herkunftsangabe

So wie manche Weine nur in bestimmten Anbaugebieten erzeugt werden dürfen, gilt dies auch für einige Gins. Beispiele für geschützte geografische Herkunftsangaben sind der Gin Xoriguer von der spanischen Insel Menorca, der Vilnius Dzinas aus Litauen und der Plymouth Gin. Diese Gins können zu jeder der drei obigen Kategorien zählen.

Fassgereifter Gin

Fassgereifte Gins erfreuen sich inzwischen einer wachsenden Beliebtheit. Sie reifen ähnlich wie Wein in Eichenfässern, in denen zuvor meist Whisky gelagert wurde. Auch diese Gins können zu jeder der drei Gin-Kategorien gehören.

Sloe Gin

Von jeher wurden Früchte zur Gin-Herstellung verwendet, und Sloe Gins lassen sich sogar bis zu den ersten englischen Gins zurückverfolgen. Zu ihrer Herstellung werden reife Schlehen in Gin eingelegt. Wegen der großen Mengen an Schlehen und Zucker sind Sloe Gins eigentlich Liköre. Sie werden oft mit einem Alkoholgehalt von deutlich unter 25 Vol.-% abgefüllt.

Verkostung mit NASE und GAUMEN

Ein Gespür entwickeln

Gin wird selten pur genossen. In guten Gin-Bars bekommt man ihn nahezu stets mit einer Garnitur und auf Eis serviert sowie mit einer Flasche gekühltem Tonic Water. Wer sich aber wirklich für die Geschmackseigenschaften eines Gins interessiert, sollte ihn mit Nase und Gaumen pur verkosten. Dies erfordert allerdings ein wenig Übung. Beherzigt man jedoch einige wichtige Hinweise, tritt die Gesamtheit aller Sinne rasch in Aktion und nimmt die feinen Aromanoten wahr, die der Alkohol zunächst überdeckt.

Das Nosing

Das Nosing, also das „Erriechen" des Gins, ist eine gute Methode, um die Sinne zu Anfang an die Stärke der Spirituose zu gewöhnen. Am besten verwendet man hierzu ein Nosing-Glas, aber auch ein Weinglas eignet sich. Man gibt ein klein wenig zimmerwarmen Gin ins Glas, hält es dicht an die Nase und versucht, die Aromen zu erriechen. Nach einigen Sekunden senkt man das Glas und atmet einige Male normal ein und aus. Dann führt man das Glas wieder an die Nase, riecht erneut, lässt das Bukett auf sich wirken und wiederholt den Vorgang.

Nach einigen – von Pausen unterbrochenen – Durchgängen entwirrt sich die Aromenvielfalt zusehends. Schon nach wenigen Minuten hat sich der erste Eindruck durch den Gewöhnungseffekt der Sinne vollkommen verändert!

Das Tasting

Wer Hochprozentiges nicht gewöhnt ist, neigt dazu, das Getränk schon nach einem Sekundenbruchteil zu schlucken – etwa so, wie man Bier

oder Wein trinkt. Werden Brände auf diese Weise probiert, kann dies jedoch zu einem unangenehmen Stechen im Mund und zu Brennen und Kratzen in der Kehle führen.

Verhindern kann man dies, indem man etwa die Menge von einem Teelöffel Gin auf die Zunge nimmt und ihn dort behält. Anschließend rollt man den Gin im Mund hin und her, lässt ihn die Zunge umspielen und erneut kurz dort verweilen. Das mag sich anfangs vielleicht etwas eigenartig anfühlen, man gewöhnt sich jedoch schnell an die Stärke des Alkohols und entdeckt seine Aromen. Vor dem zweiten Probeschluck wartet man etwas ab. Alkoholschärfe und Stechen sind beim zweiten oder dritten Nippen abgeklungen – Charakter und Aromen der Spirituose treten jetzt deutlicher in den Vordergrund.

Konzentrieren Sie sich beim Nosing und Tasting voll und ganz auf die Wahrnehmungen Ihrer Sinne und darauf, wie sich die einzelnen Geschmacksnuancen entfalten. Von einer solchen analytischen Herangehensweise profitiert man insbesondere, wenn man unterschiedliche Gin-Sorten miteinander vergleichen will. Andererseits kommt Gin am besten in einem klassischen Gin Tonic oder in einem Cocktail zur Geltung.

Tonic Water

Möchte man dem Gin Tonic Water hinzufügen, empfiehlt sich ein Ausgangsverhältnis von zwei Teilen Tonic auf einen Teil Gin. Beginnen Sie mit geringen Mengen Tonic, denn es lässt sich leicht etwas zufügen, doch nichts mehr entfernen. Entscheidend ist die Qualität des Tonics. Auf keinen Fall sollte man einem guten Gin ein nichtssagendes, billiges Tonic Water zugeben.

In puncto Tonic Water waren in den letzten Jahren einige große Marken tonangebend, die auch größtenteils in Supermärkten zu finden sind. Inzwischen gibt es darüber hinaus eine Vielzahl aromatisierte Tonics, von denen einige sich besonders gut mit bestimmten Gins kombinieren lassen. Daneben sind spezielle bzw. ausgefallene Garnituren in vielen Bars Usus, sodass Servierweisen in schier unendlicher Zahl entstanden sind. Bedenken Sie dabei aber immer, dass nicht Früchte, Kräuter oder Samen den Geschmack und Charakter eines Gin Tonic bestimmen sollten, sondern der Gin selbst.

Beim Verkosten eines Gins – ob pur, mit Tonic Water oder in einem Cocktail – geht es vor allem um den Genuss. Trinken Sie Ihren Gin also stets so, wie Sie ihn am liebsten mögen – und lassen Sie sich dabei von nichts und niemandem beeinflussen!

GEEIGNETE GLÄSER

Die Präsentation ist das A und O beim Mixen von Cocktails. Daher ist es von besonderer Wichtigkeit, einen Cocktail im jeweils geeigneten Glas zu servieren. Größe, Form und Stil – alles beeinflusst die optische Wahrnehmung, aber auch den Genuss des Getränks. Im Folgenden werden einige klassische Glastypen vorgestellt, die in jeder Hausbar vorhanden sein sollten.

Martiniglas

Der Martini-Spitz ist der Inbegriff eines Cocktailglases und entstammt dem Art déco. Mit seinem langen Stiel ist er ideal für gekühlte Getränke, denn auf diese Weise wird der Drink nicht durch die Hände erwärmt.

Highballglas

Dieses Glas eignet sich besonders gut für Getränke, die neben der Spirituose eine große Menge an Fillern (nichtalkoholische Getränke zum Auffüllen) enthalten. Das Highballglas ist vielseitig verwendbar und kann auch anstatt des gleichgeformten, aber größeren Collinsglases benutzt werden.

Tumbler

Der Tumbler, auch als Old-fashioned-Glas bekannt, ist ein gedrungenes Becherglas. Er eignet sich besonders für Spirituosen *on the rocks* sowie für kleine gemixte Cocktails.

Sektkelch oder Sektflöte

Die hohe, schlanke und konische Gestalt des Kelchs verkleinert die Oberfläche von Champagner, Prosecco & Co., wodurch diese länger perlen. Selbst beim Servieren von Champagner-Cocktails hat der Kelch die Sektschale weitgehend abgelöst.

Shotglas

Ein Glas, das in jede Hausbar gehört. Sein Fassungsvermögen entspricht ziemlich genau einem Schluck. Außerdem hat es einen festen Boden, der sich schwungvoll auf den Tresen stoßen lässt. Bei der Cocktailzubereitung kann das Shotglas auch ein Barmaß ersetzen.

Margaritaglas

Dieses Glas wurde speziell für Margaritas entwickelt und ist hervorragend für alle eiskalten, gemischten Getränke geeignet.

Cocktailschale

Das weitrandige Glas, das der Legende zufolge einer weiblichen Brust nachmodelliert ist, eignet sich gut für prickelnde Getränke wie Champagner.

Cognacschwenker

Er lässt sich gut in der Hand halten und sanft bewegen. Da sich dabei der Inhalt erwärmt, ist er besonders für Spirituosen wie Weinbrand geeignet. Das Bukett wird im Glas gehalten, wodurch man die Aromen gut „erriechen" kann.

Hurricaneglas

Das birnenförmige Glas erinnert an alte Petroleumlampen (*hurricane lamps*). In New Orleans verwendete man es für die Kreation eines rumbasierten Cocktails namens Hurricane. Es wird für viele gefrorene und gemixte Cocktails genutzt.

Slingglas

Der Singapore Sling und der Long Island Ice Tea werden in dieser Variante des Highballglases kredenzt. Mit einem hohen Körper und einem kurzen Stiel ist es für gekühlte Getränke ideal.

BAR-WERKZEUGE

Die Ausstattung einer Hausbar richtet sich zuallererst danach, ob man ein Cocktail-Fan mit Freude an den neuesten Küchenhelfern ist oder ob man sich mit einer Basisausstattung begnügt. Heutzutage gibt es eine schier unbegrenzte Auswahl an Barutensilien. Für die meisten Rezepte in diesem Buch ist keine umfangreiche Ausrüstung nötig. Das wichtigste Barzubehör wird im Folgenden kurz dargestellt.

Barmaß oder Jigger

Ein Barmaß (gegenüberliegende Seite oben) ist das wichtigste Messwerkzeug des Barkeepers. Nur mit ihm lassen sich die Mengenverhältnisse der Zutaten exakt einhalten. Edelstahl-Jigger mit eindeutigen Markierungen erleichtern das Abmessen.

Barlöffel

Ein richtiger Barlöffel hat ein kleines Vorderteil und einen langen Griff, der das Zerdrücken, Mischen und Umrühren erleichtert. Die Löffel sind in einer Vielzahl von Größen und Längen erhältlich. Ein eleganter Barlöffel schmückt stets die Ausstattung einer Hausbar.

Cocktail-Shaker

Die meisten Shaker bestehen heute aus Edelstahl, weil dieser kaum anläuft und Wärme schlecht leitet. Das ist bei gekühlten Cocktails praktisch, denn so kühlt das Eis den Cocktail und nicht den Shaker. Am gängigsten sind Shaker mit integriertem Sieb. Wer einen Boston Shaker oder einen zweiteiligen Cocktail-Shaker verwendet, benötigt ein separates Barsieb.

Rühr- oder Mixglas

Für das Mixen von Getränken eignet sich jedes Gefäß mit einem Fassungsvermögen von 500 Millilitern. Das Rührglas sollte über einen Ausgießer oder einen gezahnten Rand verfügen, mit dem sich das Eis beim Umfüllen des Getränks ins Cocktailglas im Glas zurückhalten lässt. Alternativ kann man auch ein Barsieb verwenden. Rührgläser erfreuen sich derzeit zunehmender Beliebtheit und bestehen üblicherweise aus Glas bzw. Kristallglas.

Stößel

Der Stößel ist ein schweres Holzwerkzeug mit abgerundeter Spitze. Man benötigt ihn, um Früchte oder Kräuter zu zerdrücken bzw. um gestoßenes Eis herzustellen. All dies geht zwar auch mit einem Mörser, doch mit einem Stößel kann man direkt im Rührglas arbeiten.

Barsieb

Ein Barsieb oder Hawthorne Strainer (rechts ganz außen) ist ein unverzichtbares Werkzeug, um zu verhindern, dass Eis und andere Zutaten mit ins Glas gegossen werden. Manche Cocktails müssen doppelt abgeseiht werden. Selbst wenn der Shaker ein integriertes Barsieb aufweist, gehört daher auch ein Hawthorne Strainer zur Barausstattung.

Zitruspresse

Für kleine Saftmengen genügt eine herkömmliche Zitruspresse. Daneben gibt es zur Gewinnung kleinerer Saftmengen auch Entsafter, die in die Frucht gebohrt werden. Mit mechanischen oder elektrischen Zitruspressen lassen sich hervorragend auch größere Saftmengen gewinnen. Für die Hausbar sind sie jedoch verzichtbar.

Sonstiges Zubehör

Weitere nützliche Gerätschaften sind Korkenzieher, Flaschenöffner, Cocktailspieße, Mixer, Eiseimer, Zangen, Schneidbretter, Messer, Krüge, Quirle, Strohhalme sowie ein Sahnesiphon für die Herstellung von Espumas (siehe S. 21).

MISCH-TECHNIKEN

Schütteln und Rühren

Dies sind die beiden grundlegendsten Mischtechniken, die man beherrschen muss, um Cocktails zu mixen. Beim Schütteln gibt man alle Zutaten mit einer bestimmten Menge an Eiswürfeln in den Cocktail-Shaker, der dann 5 bis10 Sekunden kräftig geschüttelt wird. Der Vorzug des Schüttelns besteht darin, dass das Getränk schnell gemischt, abgekühlt und mit Luft versetzt wird. Ist der Mix fertig, sollte der Shaker außen beschlagen sein.

Durch Schütteln wird der Cocktail verdünnt. Dies ist ein wichtiger Schritt bei der Cocktailzubereitung, denn nur so erlangt man die richtige Ausgewogenheit an Geschmack, Stärke und Temperatur. Anschließend wird das Getränk doppelt abgeseiht. Der Shaker sollte hierfür über ein eingebautes Barsieb verfügen, über dem Glas kommt meist noch ein separates Teesieb zum Einsatz. Durch Schütteln lassen sich auch Cocktails mit Zutaten wie Eiweiß zubereiten, die sich ansonsten nicht gut mit den restlichen Zutaten vermischen.

Puristen bevorzugen hingegen das Rühren. Bei dieser Mischtechnik gibt man alle Zutaten – üblicherweise mit einigen Eiswürfeln – in ein Rührglas und rührt dann mit einem langstieligen Barlöffel um. Wie beim Schütteln werden die Zutaten vermischt und gekühlt. Auf diese Weise lässt sich auch das Ausmaß der Verdünnung kontrollieren und auf ein Minimum beschränken. Diese einfache Technik ist für Drinks unverzichtbar, die keine starke Verdünnung benötigen, wie etwa den klassischen Dry Martini.

Bauen und Schichten

Das Bauen ist eine Technik, bei der alle Zutaten nacheinander – üblicherweise auf Eis – ins Servierglas gegossen werden. Danach rührt man eventuell kurz um – allerdings nur zum Mischen und nicht, um den Cocktail zu kühlen bzw. um ihn mit Luft zu versetzen. Werden Cocktails im Glas gebaut, muss die angegebene Zutatenreihenfolge exakt eingehalten werden, denn sie beeinflusst den Geschmack.

Schichten ist eine weitere grundlegende Technik. Die schwerste Flüssigkeit wird dabei immer zuunterst ins Glas gegeben, die leichteste zuletzt. Damit sich die Flüssigkeiten als Schichten auf die bereits vorhandenen legen, berührt man mit einem langstieligen Barlöffel die Oberfläche der obersten Schicht und lässt die Flüssigkeit langsam an dessen Rückseite herabrinnen. Alternativ kann man die Flüssigkeit auch an dem gedrehten Stiel vieler Barlöffel hinablaufen lassen. Die flache Löffelvorderseite hält man direkt über das Getränk. Für jede Schicht wird ein frischer Barlöffel verwendet. Das Hinzufügen der letzten Schicht wird als Floaten bezeichnet.

Stößeln und Mixen

Beim Stößeln (englisch: *muddling*) werden Zutaten wie Kräuter, Gewürze oder Früchte zerdrückt, um ihre Geschmacksstoffe freizusetzen. Üblicherweise nutzt man hierzu einen hölzernen Stößel. Mit seinem dickeren, abgerundeten Ende werden Fruchtfleisch oder -schalen bzw. Kräuter oder Gewürze zerdrückt. Mit dem anderen, dünneren Ende wird umgerührt. Am besten drückt man in einer Drehbewegung nach unten, bis die jeweilige Zutat ihren gesamten Saft oder ihr Aromaöl abgegeben hat. Anstelle eines Stößels kann man auch einen Mörser mit einem Stößel oder das dicke Ende eines Holzlöffels verwenden.

Das Mixen (englisch: *blending*) ist dann sinnvoll, wenn Alkohol mit Früchten oder cremigen Zutaten kombiniert wird, die sich sonst nicht gut vermischen lassen. Die Zutaten werden hierbei in einem Standmixer oder in einer Küchenmaschine zerkleinert. Für eine smoothieartige Konsistenz gibt man gestoßenes oder geschabtes Eis mit in den Mixer.

Espumas und Airs

Schaumige Texturen lassen sich in den unterschiedlichsten Konsistenzen erzeugen – von hauchdünn bis hin zu einem schweren, cremigen Schaum. Für ein einfaches Espumarezept benötigen Sie Eiweiß, Zitronensaft und Zucker: Für zwei Gläser vermischen Sie 1 Eiweiß, ½ Teil Zitronensaft und 1 Teelöffel feinen Zucker. Füllen Sie die Mischung in einen Sahnesiphon, schütteln Sie ihn leicht und sprühen Sie auf den Cocktail dann eine leichte Cremehaube.

Airs sind zarter als Espumas. Sie haben eine feinporige Textur, ähnlich wie Gischt oder die Bläschen auf einem Glas Champagner. Luftige Airs gelingen am besten mit Lecithin: Eine Prise Lecithinpulver und Zuckersirup werden mittels Schneebesen oder elektrischem Handrührer zu einem leichten Schaum aufgeschlagen. Noch feinere Texturen liefert ein Milchaufschäumer.

Kapitel 1

EINFACHE HARMONIEN

Die Zubereitung eines Gin-Cocktails kann ein wahres Erlebnis sein. Manchmal möchte man jedoch einen erfrischenden Cocktail einfach nur schnell und ohne große Umstände genießen. Praktisch ist es, wenn dabei nur wenige Zutaten benötigt werden. Im Folgenden finden Sie daher einige Rezeptvorschläge mit maximal drei Hauptzutaten – vom London French 75 bis zum Topaz Martini.

FROZEN GIN TONIC

Für 1 Glas

Zutaten

gestoßenes Eis

2 Teile Gin

150 ml Tonic Water

1 Limettenschnitz zum Garnieren

1. Ein Collins- oder Highballglas mit gestoßenem Eis füllen.

2. Gin darübergießen. Mit Tonic Water auffüllen. Mit dem Limettenschnitz garnieren und sofort servieren.

VESPER

Für 1 Glas

Zutaten

1 ½ Teile eiskalter Gin

1 Teil eiskalter Wodka

½ Teil trockener Wermut oder Lillet

Eiswürfel

1 Zitronenzeste zum Garnieren

1. Die flüssigen Zutaten mit den Eiswürfeln in einen Shaker geben und schütteln, bis die Mischung eiskalt ist.

2. In ein eisgekühltes Martiniglas abseihen. Mit der Zitronenzeste garnieren und sofort servieren.

LONDON FRENCH 75

Für 1 Glas

Zutaten

2 Teile London Gin

1 Teil Zitronensaft

gestoßenes Eis

gekühlter Champagner

1. Gin und Zitronensaft mit gestoßenem Eis in einen Shaker geben und kräftig schütteln, bis die Mischung gut gekühlt ist.

2. In ein gekühltes Glas abseihen und mit Champagner aufgießen. Sofort servieren.

NAVY STRENGTH

Lange Seereisen, hohe Wogen, raues Wetter, feindliche Kanonen – wer würde da nicht zu einem starken Getränk greifen? Doch weder die extremen Bedingungen noch der Durst der Seeleute waren der Grund dafür, dass Marineschiffe besonders starken Gin sowie weitere hochprozentige Spirituosen mit an Bord nahmen.

Auf Marineschiffen verwahrte man Spirituosen und Schießpulver in gesicherten Verschlägen unter Deck – und unter den Argusaugen der Offiziere. Die Navy benötigte aus einem einzigen Grund höherprozentigen Gin, denn falls einmal ein Fass auslief, sollte auch das gingetränkte Schießpulver noch zünden. Zudem wurde damit erreicht, dass die Spirituose nicht verwässert und eine bestimmte Qualität sichergestellt war.

So wurde beispielsweise auch bei einer der ältesten Methoden zur Bestimmung des Alkoholgehalts Schwarzpulver eingesetzt: Einige Pulverkörner wurden mit der Spirituose vermischt und entzündet. Lag der Alkoholgehalt über 57,15 Vol.-%, brannte das Schießpulver. Die Spirituose hatte die Probe (englisch: *proof*) bestanden – daher rührt auch die Einheit „proof" für den Alkoholgehalt. Jede Spirituose mit Bezug zur Marine ist üblicherweise auch als Abfüllung in *Navy Strength* (Marinestärke) erhältlich.

GIBSON

Für 1 Glas

Zutaten

gestoßenes Eis

3 Teile Gin

1 Teil trockener Wermut

2–3 Silberzwiebeln zum Garnieren

1. Ein Cocktailglas mit gestoßenem Eis füllen. Gin und Wermut darübergießen.

2. Mit Silberzwiebeln garnieren und sofort servieren.

SLOE SCREW

Für 1 Glas

Zutaten

2 Teile Sloe Gin

Orangensaft

gestoßenes Eis

1 Orangenscheibe zum Garnieren

1. Sloe Gin und Orangensaft mit gestoßenem Eis in einen Shaker geben und schütteln, bis die Mischung gut gekühlt ist.

2. Cocktail in ein gekühltes Glas mit gestoßenem Eis abseihen. Mit der Orangenscheibe garnieren und sofort servieren.

SILVER STREAK

Für 1 Glas

Zutaten

Eiswürfel

1 Teil eiskalter Gin

1 Teil eiskalter Kümmellikör

1. Einen kleinen Tumbler mit Eiswürfeln füllen und Gin zugießen.

2. Kümmellikör langsam darübergießen und Cocktail sofort servieren.

ALASKA

Für 1 Glas

Zutaten

½ Teil Gin

½ Teil gelber Chartreuse

Eiswürfel

1. Gin und Chartreuse mit Eiswürfeln in einen Shaker geben und schütteln, bis die Mischung gut gekühlt ist.

2. In ein gekühltes Glas abseihen und sofort servieren.

TOPAZ MARTINI

Für 1 Glas

Zutaten

gestoßenes Eis

2 Teile Gin

½ Teil Orange Curaçao

1 Orangenzeste (Twist) zum Garnieren

1. Etwas gestoßenes Eis in ein Rührglas geben. Gin und Orange Curaçao auf das Eis gießen. Zum Mischen gut umrühren und in ein gekühltes Cocktailglas abseihen.

2. Mit dem Orangentwist garnieren und sofort servieren.

GREEN LADY

Für 1 Glas

Zutaten

2 Teile Gin

1 Teil grüner Chartreuse

1 Spritzer Limettensaft

Eiswürfel

1. Die flüssigen Zutaten mit den Eiswürfeln in einen Shaker geben und kräftig schütteln, bis die Mischung gut gekühlt ist.

2. In ein gekühltes Cocktailglas abseihen und sofort servieren.

RACKET CLUB

Für 1 Glas

Zutaten

1 Spritzer Orangenbitter

Eiswürfel

1 Teil Gin

1 Teil trockener Wermut

1 Orangenzeste (Twist) zum Garnieren

1. Orangenbitter mit Eiswürfeln in ein Rührglas geben, Gin und Wermut dazugießen. Zum Mischen gut umrühren.

2. In ein gekühltes Cocktailglas abseihen, mit dem Orangentwist garnieren und sofort servieren.

GLASS SLIPPER

Für 1 Glas

Zutaten

3 Teile Gin

1 Teil Blue Curaçao

Eiswürfel

1. Gin und Curaçao mit den Eiswürfeln in einen Shaker geben und schütteln, bis die Mischung gut gekühlt ist.

2. In ein gekühltes Cocktailglas abseihen und sofort servieren.

FIFTY FIFTY

Für 1 Glas

Zutaten

2 Teile Gin

2 Teile trockener Wermut

Eiswürfel

1 grüne Olive
zum Garnieren

1. Gin und Wermut mit den Eiswürfeln in einen Shaker geben und kräftig schütteln, bis die Mischung gut gekühlt ist.

2. In ein gekühltes Cocktailglas abseihen, mit der Olive garnieren und sofort servieren.

SEVENTH HEAVEN

Für 1 Glas

Zutaten

2 Teile Gin

½ Teil Maraschino

½ Teil Grapefruitsaft

Eiswürfel

einige Minzeblättchen zum Garnieren

1. Alle flüssigen Zutaten mit den Eiswürfeln in einen Shaker geben und kräftig schütteln, bis die Mischung gut gekühlt ist.

2. In ein gekühltes Cocktailglas abseihen. Mit frischer Minze garnieren und sofort servieren.

PALM BEACH

Für 1 Glas

Zutaten

1 Teil Gin

1 Teil weißer Rum

1 Teil Ananassaft

gestoßenes Eis

1. Gin, Rum und Ananassaft mit dem gestoßenen Eis in einen Shaker geben und kräftig schütteln, bis die Mischung gut gekühlt ist.

2. In ein gekühltes Glas abseihen und sofort servieren.

ORANGE GIN SLING

Für 1 Glas

Zutaten

2 Teile Gin

4 Spritzer Orangenbitter

1. Gin in ein Cocktailglas gießen.

2. Orangenbitter vorsichtig darübergeben und sofort servieren.

SAKETINI

Für 1 Glas

Zutaten

3 Teile Gin

½ Teil Sake

Eiswürfel

1 Zitronenzeste (Twist) zum Garnieren

1. Gin und Sake mit Eiswürfeln in einen Shaker geben und kräftig schütteln, bis die Mischung gut gekühlt ist.

2. In ein gekühltes Cocktailglas abseihen und mit dem Zitronentwist garnieren. Sofort servieren.

Kapitel 2

KLASSIKER

Die Klassiker unter den Gin-Cocktails verlangen ein Gespür für den besonderen Anlass: Man denke an den kultigen Vesper Martini, den James-Bond-Schöpfer Ian Fleming seinen Spion erstmals in dem Roman „Casino Royale“ (1953) bestellen ließ, den erfrischenden Gin Rickey aus F. Scott Fitzgeralds Klassiker „Der große Gatsby“ (1925) oder den Gimlet, der in Raymond Chandlers Krimi „Der lange Abschied“ (1950) sein Debüt feierte. Nicht zu vergessen der typisch englische Pink Gin, dem Agatha Christie und John le Carré in ihren Romanen ein Denkmal setzten.

MARTINI

Für 1 Glas

Zutaten

4–6 zerstoßene Eiswürfel

3 Teile Gin

1 El trockener Wermut
(oder nach Geschmack)

1 grüne Olive
zum Garnieren

1. Zerstoßene Eiswürfel in einen Shaker geben.

2. Gin und Wermut über das Eis gießen.

3. Schütteln, bis die Mischung gut gekühlt ist, und in ein gekühltes Cocktailglas abseihen.

4. Mit der Olive garnieren und sofort servieren.

NEGRONI

Für 1 Glas

Zutaten

gestoßenes Eis

1 Teil Gin

1 Teil Campari

½ Teil süßer Wermut

1 Orangenzeste zum Garnieren

1. Etwas gestoßenes Eis in ein Rührglas geben. Gin, Campari und Wermut darübergießen. Zum Mischen gut umrühren.

2. In ein gekühltes Glas abseihen und mit der Orangenzeste garnieren. Sofort servieren.

GIN RICKEY

Für 1 Glas

Zutaten

gestoßenes Eis

2 Teile Gin

1 Teil Limettensaft

Sodawasser

1 Zitronenscheibe zum Garnieren

1. Ein gekühltes Highball- oder Kelchglas mit gestoßenem Eis füllen.

2. Gin und Limettensaft darübergießen.

3. Mit Sodawasser auffüllen.

4. Zum Mischen leicht umrühren und mit der Zitronenscheibe garnieren. Sofort servieren.

„MUT DER NIEDERLÄNDER“

Wer an Lampenfieber leidet, kennt vielleicht das Verlangen nach einem gehaltvollen Getränk. Sich-Mut-Antrinken bezeichnen Engländer als *Dutch Courage* („Mut der Niederländer“). Der Begriff geht auf den Dreißigjährigen Krieg in den damaligen Niederlanden zurück. Aus dieser Region stammt auch der Genever, der Urahn des modernen Gins.

Der Dreißigjährige Krieg (1618–1648) war der letzte große Religionskrieg in Europa. In seinem Zentrum stand die protestantische Reformation. Es war ein brutaler und lang anhaltender Konflikt mit dauerhaften Folgen, an dem fast alle europäischen Großmächte beteiligt waren. Die englische Königin Elisabeth I. entsandte in diesen Krieg Soldaten, um die protestantischen Kräfte gegen die katholischen Truppen des Heiligen Römischen Reichs zu unterstützen. Engländer und Niederländer kämpften Seite an Seite – und tranken sich mit dem niederländischen Genever Mut an. Heimkehrende Soldaten sollen danach vom *Dutch Courage* berichtet haben, der sie Furcht und Feinde überwinden ließ. Dies war der Beginn der wunderbaren Verbindung von Wacholder und Gin, die bis heute besteht …

CLOVER CLUB

Für 1 Glas

Zutaten

2 Teile Gin

1 Teil Limettensaft

1 Teil Grenadine

1 Eiweiß

Eiswürfel

1. Alle Zutaten mit den Eiswürfeln in einen Shaker geben. Kräftig schütteln, bis die Mischung gut gekühlt ist.

2. In ein gekühltes Cocktailglas abseihen und sofort servieren.

GIN SLING

Für 1 Glas

Zutaten

1 Zuckerwürfel

1 Teil Gin

frisch geriebene Muskatnuss

1 Zitronenscheibe zum Garnieren

1. Zucker in ein Old-fashioned-Glas geben und 125 Milliliter heißes Wasser zufügen. Umrühren, bis der Zucker aufgelöst ist.

2. Gin einrühren, mit Muskatnuss bestreuen und sofort mit der Zitronenscheibe garniert servieren.

SINGAPORE SLING

Für 1 Glas

Zutaten

4–6 zerstoßene Eiswürfel und gestoßenes Eis zum Servieren

2 Teile Gin

1 Teil Cherry Brandy

1 Teil Zitronensaft

1 El Grenadine

Sodawasser

1 Limettenzeste zum Garnieren

1 Cocktailkirsche zum Garnieren

1. Zerstoßene Eiswürfel in einen Shaker geben. Gin darübergießen.

2. Cherry Brandy, Zitronensaft und Grenadine zugießen und kräftig schütteln, bis die Mischung gut gekühlt ist.

3. Ein gekühltes Glas zur Hälfte mit gestoßenem Eis füllen. Den Cocktail auf das Eis abseihen.

4. Mit Sodawasser aufgießen und mit der Limettenzeste und der Cocktailkirsche garnieren. Sofort servieren.

SMOKED LAST WORD

Für 1 Glas

Zutaten

¾ Teil Räucher-Gin (siehe unten)

¾ Teil Limettensaft

¾ Teil Maraschino

¾ Teil grüner Chartreuse

1 Handvoll Eiswürfel

1 Limettenscheibe zum Garnieren

RÄUCHER-GIN

100 g Holzspäne von einem Whiskyfass

350 ml Gin

1. Für den Räucher-Gin Holzspäne auf einem Metalltablett ausstreuen. Tablett auf eine hitzebeständige, metallene Oberfläche legen. Holzspäne mit einem Gasbrenner ansengen, bis etwa die Hälfte der Späne geschwärzt ist. Angesengte Holzspäne in ein sterilisiertes, verschließbares Gefäß geben. Gin zugießen. Gefäß verschließen und 2 Wochen an einem kühlen Ort aufbewahren.

2. Gin durch einen Kaffeefilter abseihen und wieder in die Flasche füllen. Der fertige Räucher-Gin hält sich bis zu 2 Monate.

3. Für den Cocktail alle Zutaten in einen Shaker geben. Gut schütteln und doppelt in eine Cocktailschale abseihen. Mit der Limettenscheibe garniert servieren.

ORANGE BLOSSOM

Für 1 Glas

Zutaten

2 Teile Gin

2 Teile Orangensaft

gestoßenes Eis

1 Orangenscheibe zum Garnieren

1. Gin und Orangensaft mit dem gestoßenen Eis in einen Shaker geben und kräftig schütteln, bis die Mischung gut gekühlt ist.

2. In ein gekühltes Cocktailglas abseihen und mit der Orangenscheibe garnieren. Sofort servieren.

GIMLET

Für 1 Glas

Zutaten

Eiswürfel

1 Teil Gin

½ Teil frisch gepresster Limettensaft

Tonic Water

1 Limettenscheibe zum Garnieren

1. Eiswürfel in ein gekühltes Old-fashioned-Glas geben. Gin und Limettensaft darübergießen.

2. Mit Tonic Water auffüllen und mit der Limettenscheibe garnieren. Sofort servieren.

MARTINEZ

Für 1 Glas

Zutaten

2 Teile eiskalter Gin

1 Teil italienischer Wermut

1 Spritzer Angostura

1 Spritzer Maraschino

Eiswürfel

1 Zitronenzeste (Twist) zum Garnieren

1. Gin, Wermut, Angostura und Maraschino mit Eiswürfeln in einen Shaker geben und schütteln, bis die Mischung eiskalt ist.

2. In ein gekühltes Cocktailglas abseihen und mit dem Zitronentwist garnieren. Sofort servieren.

LONG ISLAND ICED TEA

Für 1 Glas

Zutaten

4–6 zerstoßene Eiswürfel und Eiswürfel zum Servieren

1 Teil Wodka, 1 Teil Gin

1 Teil weißer Tequila

1 Teil weißer Rum

½ Teil weiße Crème de Menthe

2 Teile Zitronensaft

1 Tl feiner Zucker, Cola

1 Limettenschnitz zum Garnieren

1. Zerstoßene Eiswürfel in einen Shaker geben. Alle flüssigen Zutaten außer der Cola über das Eis gießen. Zucker zufügen und kräftig schütteln, bis die Mischung gut gekühlt ist.

2. Ein hohes Glas zur Hälfte mit Eiswürfeln füllen und den Cocktail darüber abseihen. Mit Cola aufgießen, mit dem Limettenschnitz garnieren und sofort servieren.

BRONX

Für 1 Glas
Zutaten

2 Teile Gin
1 Teil Orangensaft
½ Teil trockener Wermut
½ Teil süßer Wermut
gestoßenes Eis

1. Gin, Orangensaft, trockenen und süßen Wermut mit gestoßenem Eis in ein Rührglas geben.

2. Zum Mischen umrühren und in ein gekühltes Cocktailglas abseihen. Sofort servieren.

ALABAMA SLAMMER

Für 1 Glas

Zutaten

1 Teil Southern Comfort

1 Teil Amaretto

1 Teil Sloe Gin

gestoßenes Eis

½ Tl Zitronensaft

1. Southern Comfort, Amaretto und Sloe Gin mit gestoßenem Eis in ein Rührglas geben und umrühren.

2. In ein mit gestoßenem Eis gefülltes Shotglas abseihen und den Zitronensaft zufügen. Mit der Hand abdecken, auf den Tisch stoßen und sofort trinken.

TOM COLLINS

Für 1 Glas

Zutaten

4–6 zerstoßene Eiswürfel

3 Teile Gin

2 Teile Zitronensaft

½ Teil Zuckersirup

Sodawasser

1 Zitronenscheibe zum Garnieren

1. Zerstoßene Eiswürfel in einen Shaker geben.

2. Gin, Zitronensaft und Zuckersirup darübergießen und kräftig schütteln, bis die Mischung gut gekühlt ist.

3. In ein gekühltes Collinsglas abseihen. Mit Sodawasser aufgießen und mit der Zitronenscheibe garnieren. Sofort servieren.

MAIDEN'S PRAYER

Für 1 Glas

Zutaten

Eiswürfel

1 Teil Gin

1 Teil Triple Sec

1 El Orangensaft

1 El Zitronensaft

1 Zitronenzeste (Twist) zum Garnieren

1. Eiswürfel in einen Shaker geben. Restliche Zutaten zugießen und kräftig schütteln, bis die Mischung gut gekühlt ist.

2. In ein gekühltes Cocktailglas abseihen und mit dem Zitronentwist garnieren. Sofort servieren.

Kapitel 3

ZITRUSNOTEN

Zitrusnoten sind aus vielen Cocktails nicht wegzudenken. Die erfrischende Säure von Orangen, Grapefruits, Zitronen und Limetten schafft einen wunderbaren Ausgleich zu den süßeren und schwereren Komponenten eines Cocktails. Daher beschränkt sich dieses Kapitel auf eine kleine, aber feine Auswahl von Rezepten mit Zitrusanteil unter den zahlreichen Gin-Cocktails.

GIN, CHAMPAGNER & GRAPEFRUITSORBET

Für 6 Gläser

Zutaten

200 g feiner brauner Zucker

200 ml rosa Grapefruitsaft

6 Teile Gin

12 Spritzer Rhabarberbitter

750 ml Champagner

6 Grapefruitzesten zum Garnieren

1. 100 Milliliter Wasser und feinen braunen Zucker in einem mittelgroßen Topf langsam erwärmen, bis sich der Zucker aufgelöst hat. Vom Herd nehmen, etwas abkühlen lassen und Grapefruitsaft zufügen.

2. Grapefruitmischung in die Eismaschine geben und gefrieren lassen. Das gefrorene Sorbet in einen Kunststoffbehälter umfüllen und zum vollständigen Festwerden einige Stunden im Gefrierschrank aufbewahren.

3. Zum Servieren vom Grapefruitsorbet 6 Kugeln abstechen und auf Cocktailgläser verteilen. Gin und Rhabarberbitter zugeben. Jedes Glas mit Champagner aufgießen und mit Grapefruitzesten garnieren. Sofort servieren.

MATCHA-GRÜNTEE-COCKTAIL

Für 1 Glas

Zutaten

1 mittelgroßes Eiweiß

½ Teil Limettensaft

1 El feiner Zucker

1 Teil Grüntee-Zitronengras-Gin (siehe unten)

1 Teil Sake

½ Teil Agavensirup

½ Teil Limettensaft

Eiswürfel

GRÜNTEE-ZITRONENGRAS-GIN

350 ml Gin

1 El Matcha-Grünteepulver

2 grob zerkleinerte Stängel Zitronengras

1. Für den Grüntee-Zitronengras-Gin den Gin in ein mittelgroßes, sterilisiertes, verschließbares Gefäß gießen (Ginflasche aufbewahren). Matcha und Zitronengras zufügen. Gut mischen, verschließen und 24 Stunden ziehen lassen.

2. Mischung nach 24 Stunden durch einen Kaffeefilter abseihen und in die aufbewahrte Flasche füllen. Das Getränk hält sich mehrere Monate.

3. Für den Cocktail Eiweiß, Limettensaft und Zucker in einer mittelgroßen Schüssel leicht aufschlagen, bis sich der Zucker gelöst hat. Eimasse in einen Sahnesiphon füllen.

4. Aromatisierten Gin, Sake, Agavensirup und Limettensaft mit den Eiswürfeln in einen Shaker geben. Kräftig schütteln, bis die Mischung gut gekühlt ist. In eine mit Eis gefüllte Cocktailschale doppelt abseihen. Sahnesiphon schütteln und Cocktail mit Eischaum bedecken. Sofort servieren.

GRAPEFRUIT & CHERRY GIN TONIC

Für 1 Glas

Zutaten

1 Grapefruitscheibe

4 entsteinte Kirschen und 2 Kirschen zum Garnieren

2 Teile Gin

Eiswürfel

175 ml Tonic Water

1. Grapefruitscheibe in Stücke schneiden. Grapefruit und 4 entsteinte Kirschen in ein Rührglas geben.

2. Grapefruit und Kirschen ca. 30 Sekunden mit einem Stößel zerdrücken, um die Aromen und ätherischen Öle freizusetzen.

3. Gin in das Rührglas gießen und umrühren. Mischung in ein Collins- oder Highballglas abseihen.

4. Einige Eiswürfel in das Glas geben und mit Tonic Water auffüllen.

5. Mit den restlichen Kirschen garnieren und sofort servieren.

STREGA SOUR

Für 1 Glas

Zutaten

2 Teile Gin

1 Teil Strega

1 Teil Zitronensaft

Eiswürfel

1 Zitronenscheibe zum Garnieren

1. Gin, Strega und Zitronensaft mit Eiswürfeln in einen Shaker geben und kräftig schütteln, bis die Mischung gut gekühlt ist.

2. In ein Cocktailglas abseihen und mit der Zitronenscheibe garnieren. Sofort servieren.

LEAPFROG

Für 1 Glas

Zutaten

Eiswürfel

Saft von ½ Zitrone

2 Teile Gin

Ginger Ale nach Geschmack

1 Orangenscheibe zum Garnieren

1. Einen hohen Tumbler vorkühlen. Eiswürfel, Zitronensaft und Gin hineingeben. Nur einmal umrühren.

2. Nach Geschmack mit Ginger Ale auffüllen und mit der Orangenscheibe garnieren. Sofort servieren.

„MUTTERS VERDERBEN“

Während der Gin-Epidemie, die London Anfang des 18. Jahrhunderts heimsuchte, kam es zu Ausschweifungen und Verderbtheit in ungekanntem Ausmaß. Das Leben war hart, die Lebensumstände erbarmungswürdig, und die Armut war nahezu ausweglos. Hinzu kam ein gewaltiges Angebot an billigem Gin, das zu einem Saufgelage epischen Ausmaßes führte.

In dieser Zeit nahm die Gin-Produktion rasant zu: In den 1730er-Jahren wurde genug Gin erzeugt, um jeden der 600.000 Einwohner Londons pro Jahr mit 64 Litern zu versorgen. Die Herstellungsmethoden waren allerdings fragwürdig und das Destillat wurde mit weiteren Zutaten versetzt, um die ihm entströmenden Fäulnisgerüche zu überdecken. Gin war billiger als Bier, sehr stark und in jedem Laden und in jeder dreckstarrenden Gasse erhältlich.

Ab 1723 kam es daher in London zu mehr Sterbefällen als Geburten. Gin galt dabei vor allem als ein Getränk der Frauen. Einer seiner bekanntesten Beinamen lautete daher *Mother's Ruin* („Mutters Verderben“). Um den Gin-Konsum einzuschränken, ergriff die britische Regierung verschiedene Maßnahmen, die jedoch fehlschlugen – und in einigen Fällen die Situation sogar verschärften. Erst in den 1760er-Jahren konnte man der Lage allmählich Herr werden.

MOONLIGHT

Für 4 Gläser

Zutaten

3 Teile Grapefruitsaft

4 Teile Gin

1 Teil Kirschwasser

4 Teile Weißwein

Eiswürfel

½ El Zitronenzesten

1. Alle flüssigen Zutaten mit Eiswürfeln in einen Shaker geben und kräftig schütteln, bis die Mischung gut gekühlt ist.

2. In gekühlte Gläser abseihen, jeweils mit Zitronenzesten garnieren und sofort servieren.

GRAND ROYAL CLOVER CLUB

Für 1 Glas

Zutaten

2 Teile Gin

1 Teil Zitronensaft

1 Teil Grenadine

1 Eiweiß

Eiswürfel

1 Limettenzeste (Twist) zum Garnieren

1. Gin, Zitronensaft, Grenadine und Eiweiß mit Eiswürfeln in einen Shaker geben.

2. Kräftig schütteln, bis die Mischung gut gekühlt ist, und in ein gekühltes Cocktailglas abseihen.

3. Mit dem Limettentwist garnieren und sofort servieren.

BEE'S KNEES

Für **1 Glas**

Zutaten

1 Teil Gin

⅓ Teil frisch gepresster Zitronensaft

⅔ Teil flüssiger Honig

Eiswürfel

Bitter Lemon nach Geschmack

einige Zitronenzesten zum Garnieren

1. Gin, Zitronensaft und Honig mit Eiswürfeln in einen Shaker geben und schütteln, bis die Mischung gut gekühlt ist. In ein hohes, mit Eiswürfeln gefülltes Glas abseihen und nach Geschmack mit Bitter Lemon aufgießen.

2. Mit Zitronenzesten garnieren und sofort servieren.

FIREFLY

Für 1 Glas

Zutaten

1 Teil Gin

½ Teil Tequila

½ Teil Dry Orange Curaçao

½ Teil Zitronensaft

etwas Eiweiß

Eiswürfel

1 Orangenzeste (Twist) zum Garnieren

1. Die flüssigen Zutaten mit Eiswürfeln in einen Shaker geben und schütteln, bis die Mischung eiskalt ist.

2. In ein gekühltes Cocktailglas abseihen und mit dem Orangentwist garnieren. Sofort servieren.

BULLDOG

Für 1 Glas

Zutaten

2 Teile Gin

1 Teil frisch gepresster Orangensaft

Eiswürfel

Ginger Ale

1 Orangenscheibe zum Garnieren

1. Gin und Orangensaft mit Eiswürfeln in einen mittelgroßen Tumbler geben und rühren.

2. Mit Ginger Ale aufgießen und Orangenscheibe ins Glas geben. Sofort servieren.

BRIDE'S MOTHER

Für 1 Glas

Zutaten

1 ½ Teile Sloe Gin

1 Teil Gin

2 ½ Teile Grapefruitsaft

½ Teil Zuckersirup

Eiswürfel und gestoßenes Eis zum Servieren

Grapefruitscheiben zum Garnieren

1. Die flüssigen Zutaten mit Eiswürfeln in einen Shaker geben und kräftig schütteln, bis die Mischung gut gekühlt ist.

2. Gestoßenes Eis in ein Cocktailglas geben, Mischung darüber abseihen und mit Grapefruitscheiben garnieren. Sofort servieren.

FALLEN ANGEL

Für 1 Glas

Zutaten

1 Spritzer Angostura

Saft von 1 Zitrone oder Limette

2 Teile Gin

Eiswürfel

2 Spritzer grüne Crème de Menthe

1. Angostura, Zitronen- oder Limettensaft und Gin mit Eiswürfeln in einen Shaker geben, schütteln und in ein Cocktailglas abseihen.

2. Crème de Menthe zugeben und sofort servieren.

SLOE KISS

Für **1 Glas**

Zutaten

4–6 zerstoßene Eiswürfel und gestoßenes Eis zum Servieren

½ Teil Sloe Gin

½ Teil Southern Comfort

1 Teil Wodka, 1 El Amaretto

1 Spritzer Galliano

Orangensaft

1 Orangenzeste (Twist) zum Garnieren

1. Zerstoßene Eiswürfel in einen Shaker geben. Sloe Gin, Southern Comfort, Wodka und Amaretto zugießen und schütteln, bis die Mischung gut gekühlt ist.

2. In ein hohes, gekühltes Glas mit gestoßenem Eis abseihen. Galliano darübergeben.

3. Mit Orangensaft aufgießen und mit dem Orangentwist garnieren. Sofort servieren.

HAWAIIAN ORANGE BLOSSOM

Für 1 Glas

Zutaten

2 Teile Gin

1 Teil Triple Sec

2 Teile Orangensaft

1 Teil Ananassaft

Eiswürfel

Ananasspalten und -blätter zum Garnieren

1. Die flüssigen Zutaten mit Eiswürfeln in einen Shaker geben und kräftig schütteln, bis die Mischung gut gekühlt ist.

2. In ein gekühltes Weinglas abseihen, mit Ananasspalten und -blättern garnieren und sofort servieren.

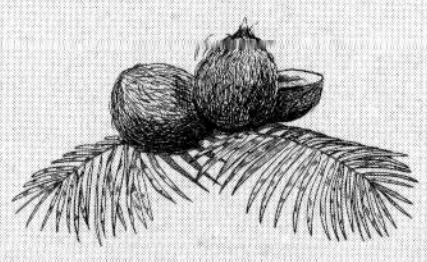

Kapitel 4

TROPENKLÄNGE

Aufsehenerregend, ungewöhnlich, verführerisch – entfliehen Sie dem Alltag, machen Sie sich auf zu neuen Geschmackswelten und entdecken Sie das Universum exotischer Cocktails. Hier locken die Aromen von Kirsche, Ananas und Granatapfel, Kokosnuss, Sahne und Joghurt, Frangelico, Brombeerlikör und Maraschino. Lassen Sie sich verzaubern!

GREEK YOGURT COCKTAIL

Für 1 Glas

Zutaten

2 Teile Gin

1 Teil Frangelico

1 El griechischer Joghurt (10 % Fett)

1 Teil Agavensirup

½ reife, entsteinte Nektarine und 1 Nektarinenscheibe zum Garnieren

1 Teil Zitronensaft

gestoßenes Eis

1. Gin, Frangelico, Joghurt, Agavensirup, die halbe Nektarine und den Zitronensaft in ein Rührglas geben.

2. Zutaten mit einem Stößel zu einem glatten Brei zerdrücken.

3. Ein Collins- oder Highballglas mit gestoßenem Eis füllen und den Cocktail auf das Eis abseihen.

4. Mit der Nektarinenscheibe garnieren und sofort servieren.

GIN & COCONUT COCKTAIL

Für 4 Gläser

Zutaten

10 g Koskosraspel

4 Teile Gin

4 Teile Bourbon

2 Teile Agavensirup

4 Teile Limettensaft

600 ml Kokoswasser

4 Handvoll Eiswürfel

4 Limettenscheiben und 4 Tl Kakaopulver zum Garnieren

1. Kokosraspel in einer kleinen Bratpfanne ohne Fettzugabe vorsichtig goldbraun rösten. Vom Herd nehmen und abkühlen lassen.

2. Abgekühlte Kokosraspel in einer Gewürzmühle zu einem feinen Pulver vermahlen und beiseitestellen.

3. Gin, Bourbon, Agavensirup, Limettensaft und Kokoswasser in einen großen Krug gießen und gut mischen.

4. Mischung auf vier mit Eiswürfeln gefüllte Collins- oder Highballgläser verteilen.

5. Mit je 1 Teelöffel Kakaopulver und 1 Limettenscheibe garniert sofort servieren.

GIN, CHERRY & APPLE SLUSHIE

Für 4 Gläser

Zutaten

150 g entsteinte Kirschen

1 Teil Zitronensaft

50 g feiner brauner Zucker

8 Teile Gin

600 ml Apfelsaft

4 Handvoll Eiswürfel

1. Kirschen, Zitronensaft und Zucker in eine mittelgroße Pfanne geben. Langsam erwärmen, bis sich der Zucker aufgelöst hat und die Kirschen zerfallen sind. Vom Herd nehmen und ca. 5 Minuten abkühlen lassen.

2. Abgekühlte Kirschmischung in einen Standmixer geben und glatt mixen. Püree durch ein feines Sieb streichen.

3. Gin, Kirschpüree, Apfelsaft und Eiswürfel in den Standmixer geben und glatt rühren.

4. Slushie auf vier Gläser verteilen und sofort servieren.

HARLEM

Für 1 Glas

Zutaten

2 Teile Gin

1 ½ Teile Ananassaft

1 El Maraschino

1 El zerkleinertes Ananasfruchtfleisch

Eiswürfel

1 Limettenblatt zum Garnieren

1. Gin, Ananassaft, Maraschino und Ananasfruchtfleisch mit Eiswürfeln in einen Shaker geben und kräftig schütteln, bis die Mischung gut gekühlt ist.

2. In ein kleines, gekühltes Glas abseihen und mit dem Limettenblatt garnieren. Sofort servieren.

MAGNOLIA BLOSSOM

Für 1 Glas

Zutaten

2 Teile Gin

1 Teil Zitronensaft

1 Teil Sahne

Eiswürfel

1. Alle Zutaten mit Eiswürfeln in einen Shaker geben und schütteln, bis die Mischung gut gekühlt ist.

2. In ein gekühltes Cocktailglas abseihen und sofort servieren.

GESCHÜTTELT, NICHT GERÜHRT …

Dass einige bedeutende Persönlichkeiten aus Politik, Kunst, Musik und Literatur dem Gin-Genuss nicht abgeneigt waren, ist kein Geheimnis. Zu den bekanntesten von ihnen gehört die von Ian Fleming erschaffene Roman- und Filmfigur James Bond. Seiner Vorliebe für eine spezielle Martini-Zubereitung ist das oben genannte Zitat zu verdanken.

Zu nennen sind hier auch die Schriftstellerin Joanne K. Rowling mit ihrem Faible für Gin Tonic sowie ihr Kollege F. Scott Fitzgerald und seine Vorliebe für Gin Rickey. Der US-amerikanische Schriftsteller Raymond Chandler bevorzugte den Gimlet, während Königin Elisabeth II. Gin mit Dubonnet vorzieht. Gin ist ebenso Traditionsgetränk wie Kulturgut.

Außerhalb der Welt von 007 wird ein Martini jedoch besser gerührt als geschüttelt. So wird das Getränk nicht übermäßig verdünnt. Zudem vermeidet man das sogenannte *bruising*, also eine Geschmacksbeeinträchtigung durch die beim Shaken erzeugten Luftbläschen. Der Martini ist ein sehr starker Cocktail mit einem hohen Gin-Anteil. Er ist ein guter Komplize für jegliche Missetat, wer jedoch zu viel davon erwischt, bringt einen fröhlichen Abend schnell zur Strecke. Aber mit einer „Lizenz zum Töten“ und auf der Jagd nach einem teuflischen Bösewicht braucht man natürlich auch einen wirklich starken Drink …

GOLDEN DAWN

Für 1 Glas

Zutaten

½ Teil Gin

½ Teil Calvados

½ Teil Apricot Brandy

½ Teil Mangosaft

Eiswürfel

1 Spritzer Grenadine

1. Gin, Calvados, Apricot Brandy und Mangosaft mit Eiswürfeln in einen Shaker geben und schütteln.

2. In ein Cocktailglas abseihen und Grenadine vorsichtig zugeben, sodass der Granatapfelsirup nach unten rinnt und sich als unterste Schicht am Glasboden absetzt. Sofort servieren.

TEARDROP

Für 1 Glas

Zutaten

1 Teil Gin

2 Teile Aprikosen- oder Pfirsichnektar

1 Teil Sahne

gestoßenes Eis

½ Teil Erdbeersirup

Erdbeer- und Pfirsichscheiben zum Garnieren

1. Gin, Aprikosen- oder Pfirsichnektar und Sahne in einen Standmixer geben und 5–10 Sekunden mixen, bis die Mischung dickflüssig aufgeschäumt ist.

2. In ein hohes, mit gestoßenem Eis gefülltes Glas gießen.

3. Erdbeersirup darübergeben und mit den Erdbeer- und Pfirsichscheiben garnieren. Sofort servieren.

TURKISH DELIGHT GIN COCKTAIL

Für 1 Glas

Zutaten

2 Teile Gin

175 ml Cranberrysaft

1 El Honig

¼ El Rosenwasser

einige Eiswürfel

1 El Granatapfelkerne

¼ El getrocknete Rosenblütenblätter und einige Rosenblütenblätter zum Garnieren

1. Gin, Cranberrysaft, Honig und Rosenwasser in ein Collins- oder Highballglas gießen.

2. Mit einem Barlöffel umrühren, bis sich der Honig aufgelöst hat.

3. Eiswürfel, Granatapfelkerne und ¼ Esslöffel Rosenblütenblätter zufügen und erneut umrühren.

4. Mit den restlichen Rosenblütenblättern garnieren und sofort mit einem Strohhalm servieren.

POLISH SIDECAR

Für 1 Glas
Zutaten

2 Teile Gin

1 Teil Brombeerlikör

1 Teil Zitronensaft

Eiswürfel

1. Gin, Brombeerlikör und Zitronensaft mit Eiswürfeln in einen Shaker geben und kräftig schütteln, bis die Mischung gut gekühlt ist.

2. In ein gekühltes Cocktailglas abseihen und sofort servieren.

BLUE TRAIN

Für 1 Glas

Zutaten

2 Teile Gin

1 Teil Triple Sec

1 Teil Zitronensaft

1 Spritzer Blue Curaçao

gestoßenes Eis

1. Flüssige Zutaten mit gestoßenem Eis in einen Shaker geben.

2. Kräftig schütteln, bis die Mischung eiskalt ist, und in ein gekühltes Cocktailglas abseihen. Sofort servieren.

WEDDING BELLE

Für 1 Glas

Zutaten

2 Teile Gin

2 Teile Dubonnet

1 Teil Cherry Brandy

1 Teil Orangensaft

Eiswürfel

1 Orangenzeste (Twist) zum Garnieren

1. **Flüssige Zutaten mit Eiswürfeln in einen Shaker geben und schütteln, bis die Mischung gut gekühlt ist.**

2. **In ein gekühltes Glas abseihen und mit dem Orangentwist garnieren. Sofort servieren.**

BLUE BLOODED

Für 1 Glas

Zutaten

1 Teil Gin

1 Teil Maracujanektar

4 Melonen- oder Mangowürfel

4–6 zerstoßene Eiswürfel und gestoßenes Eis zum Servieren

1–2 El Blue Curaçao

1. Gin, Maracujanektar, Melonen- oder Mangowürfel und zerstoßene Eiswürfel in einen Standmixer geben und mixen, bis die Mischung glatt und eiskalt ist.

2. In ein gekühltes hohes Glas mit gestoßenem Eis gießen und Blue Curaçao darübergeben. Sofort servieren.

ALEXANDER

Für 1 Glas

Zutaten

1 Teil Gin

1 Teil Crème de Cacao

1 Teil Sahne

gestoßenes Eis

frisch geriebene Muskatnuss zum Garnieren

1. Gin, Crème de Cacao und Sahne mit gestoßenem Eis in einen Shaker geben und kräftig schütteln, bis die Mischung gut gekühlt ist.

2. In ein gekühltes Cocktailglas abseihen und mit geriebener Muskatnuss garnieren. Sofort servieren.

FRUIT CRAZY

***Für* 1 Glas**

Zutaten

1 Teil Gin

½ Teil Melonenlikör

1 Teil Mangonektar

1 Teil Grapefruitsaft

1 kleines Eiweiß

Eiswürfel

1 Mangoschnitz zum Garnieren

1. Gin, Melonenlikör, Mangonektar, Grapefruitsaft und Eiweiß mit Eiswürfeln in einen Shaker geben und schütteln, bis die Mischung eiskalt ist.

2. Einige Eiswürfel in ein gekühltes hohes Glas geben und Mischung darüber abseihen. Mit dem Mangoschnitz garnieren und sofort servieren.

PUSSYCAT

Für **1 Glas**

Zutaten

gestoßenes Eis

1 Spritzer Grenadine

2 Teile Gin

Ananassaft

1 Ananasspalte zum Garnieren

1. Einen vorgekühlten Tumbler zur Hälfte mit gestoßenem Eis füllen.

2. Grenadine auf das Eis geben und Gin zufügen.

3. Mit Ananassaft aufgießen und mit der Ananasspalte garnieren. Sofort servieren.

BLOODHOUND

Für 1 Glas

Zutaten

2 Teile Gin

1 Teil süßer Wermut

1 Teil trockener Wermut

3 Erdbeeren und
1 Erdbeere zum Garnieren

4–6 zerstoßene Eiswürfel

1. Gin, süßen Wermut, trockenen Wermut und 3 Erdbeeren in einen Standmixer geben.

2. Zerstoßene Eiswürfel zufügen und alles mixen, bis eine glatte Mischung entstanden ist.

3. In ein gekühltes Cocktailglas gießen und mit der restlichen Erdbeere garnieren. Sofort servieren.

Kapitel 5

FEURIGE RHYTHMEN

Bereit für ein betörendes Gemackserlebnis? Würzige Drinks wie Rolls-Royce 2, Mango & Black Pepper Cocktail, Spiced Whiskey Sour und Old Etonian bringen den gewissen Pep ins Glas. Dunkler Rum, Grand Marnier und Crème de Noyaux sind nur einige Zutaten, die bei diesen Kompositionen den Takt angeben. Genießen Sie ein vollmundiges Ensemble!

MANGO & BLACK PEPPER COCKTAIL

Für 1 Glas

Zutaten

1 Teil Gin

1 Teil dunkler Rum

1 El feiner Rohrzucker

1 Teil Limettensaft

100 ml Ananassaft

Eiswürfel

Sodawasser

1 Mangoscheibe und Pfeffer zum Garnieren

1. Gin, Rum, Rohrzucker, Limetten- und Ananassaft in einen Shaker geben.

2. Shaker mit Eiswürfeln füllen und schütteln, bis die Mischung sehr kalt ist.

3. In ein mit Eiswürfeln gefülltes Collins- oder Highballglas abseihen.

4. Mit Sodawasser aufgießen und mit der Mangoscheibe und dem Pfeffer garnieren. Sofort servieren.

POMEGRANATE & MINT SHRUB

Für 1 Glas

Zutaten

gestoßenes Eis

2 Teile Granatapfelsirup (siehe unten)

1 Teil Gin

1 Teil Grand Marnier

1 Stängel Minze und 1 El Granatapfelkerne zum Garnieren

GRANATAPFELSIRUP

400 g feiner Zucker

20 Minzeblätter

200 g Granatapfelkerne

500 ml naturtrüber Apfelessig

1. Für den Granatapfelsirup Zucker, Minze und Granatapfelkerne in einer mittelgroßen Schüssel zerdrücken, bis der Saft aus den Granatapfelkernen austritt. Abdecken und ca. 24 Stunden im Kühlschrank ziehen lassen. Aus dem Kühlschrank nehmen und Apfelessig unterrühren. Erneut abdecken und weitere 24 Stunden ziehen lassen.

2. Die Mischung durch ein Tuch abseihen. In ein sterilisiertes, verschließbares Gefäß gießen. Der Granatapfelsirup hält sich im Kühlschrank bis zu 2 Monate.

3. Für den Cocktail ein Highballglas mit gestoßenem Eis füllen. Granatapfelsirup zugeben. Gin und Grand Marnier zugießen und mit einem Barlöffel umrühren. Mit Minze und Granatapfelkernen garniert servieren.

CHILI GIN TONIC

Für 1 Glas

Zutaten

1 Handvoll Eiswürfel

2 Teile Chili-Gin (siehe unten)

3 Spritzer Molasses Bitter

150 ml Tonic Water

1 Limettenschnitz zum Garnieren

CHILI-GIN

1 getrocknete Pasilla-Chilischote

350 ml Gin

1. Für den Chili-Gin Chilischote halbieren, entkernen und mit dem Gin in eine Flasche geben. Gut verschließen und ca. 1 Woche ziehen lassen.

2. Für den Cocktail ein Collins- oder Highballglas mit Eiswürfeln füllen.

3. Chili-Gin und Molasses Bitter zugeben und mit Tonic Water aufgießen.

4. Mit dem Limettenschnitz garnieren und sofort servieren.

SPICED WHISKEY SOUR

Für 1 Glas

Zutaten

1 Teil Gin

1 Teil Pedro-Ximénez-Sherry

1 Teil Bourbon

1 Teil Zitronensaft

1 Teil Gewürzsirup (siehe unten)

1 mittelgroßes Eiweiß

1 Handvoll Eiswürfel

GEWÜRZSIRUP

½ Zimtstange

2 Sternanisfrüchte

6 schwarze Pfefferkörner

330 g feiner Zucker

¾ Teil Wodka

1. Alle Zutaten für den Gewürzsirup mit 150 Millilitern Wasser in einem mittelgroßen Topf bei milder Hitze erwärmen, bis sich der Zucker vollständig aufgelöst hat.

2. Vom Herd nehmen und abkühlen lassen. Abseihen und in eine Flasche abfüllen. Im Kühlschrank hält sich der Sirup bis zu 6 Monate.

3. Für den Cocktail Gin, Sherry, Bourbon, Zitronensaft, Gewürzsirup und Eiweiß in einen Shaker geben und „trocken" schütteln. Eiswürfel zugeben und nochmals ca. 30 Sekunden kräftig schütteln, bis die Mischung schaumig ist.

4. Doppelt in einen Tumbler abseihen und sofort servieren.

ROAD RUNNER

Für 1 Glas

Zutaten

2 Teile Gin

½ Teil trockener Wermut

½ Teil Pernod

1 El Grenadine

gestoßenes Eis

1. Gin, Wermut, Pernod und Grenadine mit dem gestoßenen Eis in einen Shaker geben und kräftig schütteln, bis die Mischung gut gekühlt ist.

2. In ein gekühltes Weinglas abseihen und sofort servieren.

BELLINI MARTINI

Für 1 Glas

Zutaten

1 Teil Gin

½ Teil Weinbrand

½ Teil Pfirsichpüree

1 Spritzer süßer Wermut

Eiswürfel

1 Pfirsichschnitz zum Garnieren

1. Flüssige Zutaten mit Eiswürfeln in einen Shaker geben und schütteln, bis die Mischung gut gekühlt ist.

2. In ein gekühltes Martiniglas abseihen und mit dem Pfirsichschnitz garnieren. Sofort servieren.

INCA

Für 1 Glas

Zutaten

1 Teil Gin

1 Teil süßer Wermut

1 Teil trockener Sherry

1 Spritzer Mandelmilchsirup

1 Spritzer Orangenbitter

1. Alle Zutaten in ein Glas geben und umrühren.

2. Dieser Cocktail muss nicht gekühlt werden. Sofort servieren.

BACHELOR'S BAIT

Für 1 Glas

Zutaten

2 Teile Gin

1 El Grenadine

1 Eiweiß

Eiswürfel

1 Spritzer Orangenbitter

1. Gin, Grenadine und Eiweiß mit Eiswürfeln in einen Shaker geben und schütteln, bis die Mischung gut gekühlt ist.

2. Orangenbitter zufügen. Die Mischung noch einmal kurz schütteln und in ein gekühltes Cocktailglas abseihen. Sofort servieren.

OLD ETONIAN

Für 1 Glas

Zutaten

gestoßenes Eis

1 Spritzer Crème de Noyaux

1 Spritzer Orangenbitter

1 Teil Gin

1 Teil Lillet blanc

1. Etwas gestoßenes Eis in ein Rührglas geben und die flüssigen Zutaten zugießen.

2. Zum Mischen gut umrühren, in ein gekühltes Cocktailglas abseihen und sofort servieren.

MODERNER GIN

In der englischsprachigen Welt gehört Gin zu den meistkonsumierten Spirituosen. Im letzten Jahrzehnt ist seine Beliebtheit schier unaufhaltsam angewachsen. Hunderte neuer Gin-Marken sind entstanden, und weltweit eröffneten spezielle Gin-Bars.

Von seinen etwas anrüchigen Anfängen in den Londoner Slums hat sich der Gin inzwischen zu höchster Kultiviertheit emporgearbeitet. Zu seiner neuerlichen Renaissance haben verschiedene Faktoren beigetragen. So drängten durch den Boom der Mikrodestillation viele neue von Hand hergestellte Sorten auf den Markt, die den Gin um ungewöhnliche Geschmacksrichtungen bereicherten. Daneben hat auch der weltweite Cocktail-Trend dazu beigetragen, dass eine junge Generation von Barkeepern und Gin-Trinkern stets auf der Suche nach Produkten mit neuen Aromen und besonderer Geschichte sind. Egal für welchen Gin Sie sich entscheiden und wie Sie ihn genießen, stets können Sie sich also als Teil eines neuen Kapitels in der Geschichte des Gins fühlen. Denn der Gin-Boom zu Anfang des 21. Jahrhunderts wird sicher auch in Zukunft unvergessen bleiben!

KARINA

Für 1 Glas

Zutaten

Eiswürfel

1 Teil Gin

½ Teil Dubonnet

½ Teil Mandarinenlikör

Saft von ½ Zitrone

1. Flüssige Zutaten in einen großen, mit Eiswürfeln gefüllten Tumbler gießen.

2. Umrühren, bis das Glas eiskalt ist. Sofort servieren.

JOCKEY CLUB SPECIAL

Für 1 Glas

Zutaten

1 Teil Gin

½ Teil Crème de Noyaux

1 kräftiger Spritzer Zitronensaft

2 Spritzer Orangenbitter

2 Spritzer Angostura

Eiswürfel

1 Zitronenschnitz zum Garnieren

1. Flüssige Zutaten mit Eiswürfeln in ein Rührglas geben, kräftig rühren und in ein mit Eiswürfeln gefülltes Cocktailglas abseihen.

2. Mit dem Zitronenschnitz garnieren und sofort servieren.

ROLLS-ROYCE 2

Für 1 Glas

Zutaten

4–6 Eiswürfel

3 Teile Gin

1 Teil trockener Wermut

1 Teil süßer Wermut

¼ El Bénédictine

1. Eiswürfel in ein Rührglas geben. Flüssige Zutaten zugießen.

2. Zum Mischen gut umrühren und in ein gekühltes Cocktailglas abseihen. Sofort servieren.

GREAT DANE

Für 1 Glas

Zutaten

2 Teile Gin

1 Teil Cherry Brandy

½ Teil trockener Wermut

1 El Kirschwasser

Eiswürfel

1 Zitronenzeste zum Garnieren

1. Gin, Cherry Brandy, Wermut und Kirschwasser mit Eiswürfeln in einen Shaker geben und kräftig schütteln, bis die Mischung eiskalt ist.

2. In ein gekühltes Cocktailglas abseihen. Mit der Zitronenzeste garnieren und sofort servieren.

STAR WARS

Für 1 Glas

Zutaten

2 Teile Gin

2 Teile Zitronensaft

1 Teil Galliano

1 Teil Crème de Noyaux

Eiswürfel

1 Zitronenzeste (Twist) zum Garnieren

1. Flüssige Zutaten mit Eiswürfeln in einen Shaker geben und kräftig schütteln, bis die Mischung gut gekühlt ist.

2. In ein gekühltes Cocktailglas abseihen und mit dem Zitronentwist garnieren. Sofort servieren.

MISSISSIPPI MULE

Für 1 Glas

Zutaten

2 Teile Gin

½ Teil Crème de Cassis

½ Teil Zitronensaft

Eiswürfel und gestoßenes Eis zum Servieren

1. Flüssige Zutaten mit Eiswürfeln in einen Shaker geben und kräftig schütteln, bis die Mischung gut gekühlt ist.

2. Einen kleinen, gekühlten Tumbler mit gestoßenem Eis füllen und Cocktail darüber abseihen. Sofort servieren.

Kapitel 6

PERLENDE AKKORDE

Hier wird jeder fündig, der es prickelnd liebt: Prosecco, Cidre, Sodawasser und Champagner bringen diese Cocktails zum Sprudeln. Mit perfekt harmonierenden Zutaten entstehen Getränke für gesellige Momente, die nur so vor Lebenslust und Dynamik sprühen. Genau das Richtige, um in heiter-beschwingter Runde zu feiern!

GIN SWIZZLE

Für 1 Glas

Zutaten

2 Teile Räucher-Gin (siehe unten)

1 Teil Limettensaft

2 El feiner Zucker

1 El Angostura

1 große Handvoll gestoßenes Eis

175 ml Sodawasser

1 Limettenscheibe zum Garnieren

RÄUCHER-GIN

100 g Holzspäne von einem Whiskyfass, 350 ml Gin

1. Für den Räucher-Gin Holzspäne auf einem Metalltablett ausstreuen und Tablett auf eine hitzebeständige Oberfläche legen. Holzspäne mit einem Gasbrenner ansengen, bis etwa die Hälfte geschwärzt ist. In ein sterilisiertes Gefäß geben und mit Gin aufgießen (Flasche aufheben). Mischen und Gefäß verschließen. Ca. 2 Wochen kühl aufbewahren. Gin durch einen Kaffeefilter abseihen und wieder in die Flasche füllen. Der Räucher-Gin hält sich bis zu 2 Monate.

2. Für den Cocktail 2 Teile Räucher-Gin, Limettensaft, Zucker und Angostura in ein Highballglas geben. Gestoßenes Eis zugeben und mit Sodawasser aufgießen. Mit einem Sektquirl kräftig aufschäumen, mit der Limettenscheibe garnieren und sofort servieren.

HONEY & LEMON PROSECCO

Für 1 Glas

Zutaten

1 Teil Gin

¼ Teil Honig

¼ Teil Zitronensaft

85 ml gekühlter Prosecco

1. Gin, Honig und Zitronensaft in einem kleinen Krug vermischen.

2. Mischung in eine gekühlte Cocktailschale gießen.

3. Mit gekühltem Prosecco aufgießen und sofort servieren.

ELDERFLOWER & MARASCHINO CLUB SODA

Für 1 Glas

Zutaten

1 Handvoll Eiswürfel

1 Teil Gin

1 Teil Holunderblütenlikör

1 Teil Maraschino

½ Teil Zitronensaft

150 ml Sodawasser

1 Maraschinokirsche und 1 Zitronenschnitz (optional) zum Garnieren

1. Ein Collins- oder Highballglas mit Eiswürfeln füllen.

2. Gin, Holunderblütenlikör, Maraschino und Zitronensaft zufügen.

3. Mischung mit einem Rührstab umrühren.

4. Mit Sodawasser aufgießen.

5. Mit der Maraschinokirsche sowie nach Belieben mit einem Zitronenschnitz garnieren. Sofort servieren.

LIME & LEMON GRASS SLING

Für 1 Glas

Zutaten

½ Limette

1 kleiner Stängel Zitronengras

2 Teile Gin

½ Teil Bénédictine

½ Teil Cherry Brandy

2 Spritzer Orangenbitter

einige Eiswürfel

150 ml Sodawasser

1 Zitronenscheibe und 1 Kirsche zum Garnieren

1. Limette in Spalten und Zitronengras in dünne Scheiben schneiden.

2. Beides in ein Rührglas geben.

3. Mit einem Stößel zerdrücken, um den Saft und die ätherischen Öle freizusetzen.

4. Gin, Bénédictine, Cherry Brandy und Orangenbitter zugeben.

5. Mischung in ein Sling- oder Highballglas abseihen. Eiswürfel zufügen und alles mit Sodawasser aufgießen. Mit der Zitronenscheibe und der Kirsche garnieren und sofort servieren.

NEW ORLEANS GIN FIZZ

Für 1 Glas

Zutaten

Saft von ½ Zitrone

2 El Puderzucker

1 kleines Eiweiß

2 Teile Gin

2 Spritzer Orangenblütenwasser

1 El Sahne

Eiswürfel, Sodawasser

1 Orangenzeste und 1 essbare Blüte zum Garnieren

1. Zitronensaft, Puderzucker, Eiweiß, Gin, Orangenblütenwasser und Sahne mit Eiswürfeln in einen Shaker geben und schütteln, bis die Mischung gut gekühlt ist. In einen großen, gekühlten Tumbler abseihen. Nach Geschmack mit Sodawasser aufgießen.

2. Mit der Orangenzeste und der Blüte garnieren. Sofort servieren.

LONDONER

Für 1 Glas

Zutaten

2 Teile London Dry Gin

½ Teil Erdbeer-, Hagebutten- oder anderer Fruchtsirup

2 Teile Zitronensaft

½ Teil trockener Wermut

Eiswürfel

Sodawasser

1 Zitronenzeste zum Garnieren

1. Gin, Fruchtsirup, Zitronensaft und Wermut mit Eiswürfeln in ein Highballglas oder in einen großen Tumbler füllen und umrühren.

2. Mit Sodawasser aufgießen und mit der Zitronenzeste garnieren. Sofort servieren.

GIN ALS MEDIZIN

Juniperus communis, so der wissenschaftliche Name des Wacholders, zählt zur Familie der Zypressengewächse. Sein erstes Vorkommen ist vor 250 Millionen Jahren im Trias belegt. Wacholder gedeiht witterungsabhängig auf fast jedem Kontinent und dient seit Jahrtausenden als Heilmittel bei verschiedensten Krankheiten.

Die meisten antiken Kulturen nutzten die medizinischen Eigenschaften des Wacholders, darunter Ägypter, Griechen und Araber. Im Mittelalter setzte man ihn gegen viele Leiden ein – von Zahnschmerzen bis hin zu Bandwürmern. Wacholder diente sogar als Verhütungs- und Abtreibungsmittel. Meist trank man ihn in einer Mischung aus Wein, Gewürzen und Kräutern.

Wie es dazu kam, dass er auch in destillierten Spirituosen verwendet wurde, ist unbekannt. Die frühesten Erwähnungen von wacholderaromatisierten Bränden datieren aus der Mitte des 15. Jahrhunderts. Nachgewiesen ist, dass die Niederländer mit dem Genever den Urvater der späteren Gins schufen. Heute weiß man, dass der Genuss von Alkohol und Wacholder weder eine Heilwirkung hat, noch Schwangerschaften verhütet. Dennoch können die heilenden Eigenschaften, die man dem Wacholder einst zuschrieb, als gute Ausrede dienen, um ein Fläschchen Gin anzubrechen …

APPLE CLASSIC

Für 1 Glas

Zutaten

½ Teil Gin

½ Teil Weinbrand

½ Teil Calvados

Eiswürfel

lieblicher Cidre nach Geschmack

1 Apfelscheibe zum Garnieren

1. Gin, Weinbrand und Calvados mit Eiswürfeln in einen Shaker geben und schütteln, bis die Mischung sehr kalt ist.

2. In ein Glas abseihen und nach Geschmack mit Cidre aufgießen. Mit der Apfelscheibe garnieren und sofort servieren.

BELLE COLLINS

Für 1 Glas

Zutaten

2 Stängel Minze und einige Stängel Minze zum Garnieren

2 Teile Gin

1 Teil Zitronensaft

1 El Zuckersirup

4–6 zerstoßene Eiswürfel

kohlensäurehaltiges Wasser

1. Minze mit einem Stößel zerdrücken.

2. In einen gekühlten Tumbler geben. Gin, Zitronensaft und Zuckersirup zugießen. Zerstoßene Eiswürfel zugeben.

3. Mit kohlensäurehaltigem Wasser aufgießen, kurz umrühren und mit restlicher Minze garnieren. Sofort servieren.

SOUTHERN FIZZ

Für 1 Glas

Zutaten

2 Teile Gin

1 Teil frisch gepresster Limettensaft

1 Teil Maracujasaft

¼ Teil Zuckersirup

3 Spritzer Orangenblütenwasser

1 Teil Sodawasser

gestoßenes Eis

1. Alle Zutaten in einem Standmixer einige Sekunden aufschlagen, bis die Mischung sehr schaumig ist.

2. In ein großes, eisgekühltes Cocktail- oder Highballglas gießen und sofort servieren.

DAISY

Für 1 Glas
Zutaten

4–6 zerstoßene Eiswürfel
3 Teile Gin
1 Teil Zitronensaft
1 El Grenadine
1 El Zuckersirup
Sodawasser
1 Orangenschnitz zum Garnieren

1. Zerstoßene Eiswürfel in einen Shaker geben.

2. Gin, Zitronensaft, Grenadine und Zuckersirup zugießen und alles kräftig schütteln, bis die Mischung gut gekühlt ist.

3. Cocktail in ein gekühltes Highballglas abseihen. Mit Sodawasser aufgießen, kurz umrühren und mit dem Orangenschnitz garnieren. Sofort servieren.

STAR DAISY

Für 1 Glas

Zutaten

2 Teile Gin

1½ Teile Apfelbrand

1½ Teile Zitronensaft

1 El Zuckersirup

½ El Triple Sec

gestoßenes Eis

Sodawasser

1. Gin, Apfelbrand, Zitronensaft, Zuckersirup und Triple Sec mit gestoßenem Eis in einen Shaker geben und kräftig schütteln, bis die Mischung gut gekühlt ist.

2. In einen zur Hälfte mit gestoßenem Eis gefüllten Tumbler abseihen und mit Sodawasser aufgießen. Sofort servieren.

MONTE CARLO

Für 1 Glas

Zutaten

4–6 Eiswürfel

½ Teil Gin

¼ Teil Zitronensaft

gekühlter Champagner oder Sekt

¼ Teil Crème de Menthe

1 Stängel Minze zum Garnieren

1. Eiswürfel in ein Rührglas geben, Gin und Zitronensaft zugießen. Umrühren, bis die Mischung gut gekühlt ist.

2. In einen gekühlten Sektkelch abseihen und mit Champagner oder Sekt aufgießen.

3. Crème de Menthe zugeben und mit der Minze garnieren. Sofort servieren.

SLOE GIN RICKEY

Für 1 Glas

Zutaten

gestoßenes Eis

2 Teile Sloe Gin

1 Teil Limettensaft

Sodawasser

1 Limettenscheibe zum Garnieren

1. Ein gekühltes Highball- oder Kelchglas mit gestoßenem Eis füllen. Gin und Limettensaft zugeben.

2. Mit Sodawasser aufgießen. Zum Mischen leicht umrühren und mit der Limettenscheibe garnieren. Sofort servieren.

END OF THE ROAD

Für 1 Glas

Zutaten

3 Teile Gin

1 Teil Crème de Menthe

1 Teil Pastis

Eiswürfel

100 ml Sodawasser

1 Stängel Minze zum Garnieren

1. Gin, Crème de Menthe und Pastis mit Eiswürfeln in ein Rührglas geben und rühren. In ein hohes, mit Eiswürfeln gefülltes Glas abseihen.

2. Mit Sodawasser aufgießen und mit Minze garnieren. Sofort servieren.

ALICE SPRINGS

Für 1 Glas

Zutaten

3 Teile Gin

½ El Grenadine

1 Teil Orangensaft

1 Teil Zitronensaft

Eiswürfel

Sodawasser

3 Tropfen Angostura

1. Gin, Grenadine, Orangen- und Zitronensaft mit Eiswürfeln in einen Shaker geben und schütteln, bis die Mischung eiskalt ist.

2. In ein gekühltes hohes Glas abseihen und mit Sodawasser aufgießen. Angostura zugeben und sofort servieren.

GIN SANGAREE

Für 1 Glas

Zutaten

gestoßenes Eis

2 Teile Gin

½ El Zuckersirup

kohlensäurehaltiges Wasser

1 El Portwein

frisch geriebene Muskatnuss zum Garnieren

1. Etwas gestoßenes Eis in einen gekühlten Tumbler geben. Gin und Zuckersirup zugießen und mit kohlensäurehaltigem Wasser aufgießen. Zum Mischen leicht umrühren und Portwein vorsichtig über einen Barlöffel ins Glas geben (floaten).

2. Mit frisch geriebener Muskatnuss bestreuen und sofort servieren.

BLEU BLEU BLEU

Für 1 Glas

Zutaten

4–6 zerstoßene Eiswürfel und gestoßenes Eis zum Servieren

1 Teil Gin, 1 Teil Wodka

1 Teil Tequila, 1 Teil frisch gepresster Zitronensaft

2 Spritzer Eiweiß, 1 Teil Blue Curaçao

Sodawasser, 1 Zitronenscheibe zum Garnieren

1. Zerstoßene Eiswürfel in einen Shaker geben.

2. Gin, Wodka, Tequila, Zitronensaft, Eiweiß und Blue Curaçao zufügen und schütteln, bis die Mischung eiskalt ist.

3. Cocktail in ein hohes, mit gestoßenem Eis gefülltes Glas abseihen und mit Sodawasser aufgießen. Mit der Zitronenscheibe garnieren und sofort servieren.

REGISTER

T

W

Z

Delphin Verlag GmbH
Emil-Hoffmann-Straße 1
D-50996 Köln

Gesamtherstellung: Delphin Verlag GmbH, Köln

www.delphinverlag.de

Einleitung: Joe Clark
Rezepte: Lincoln Jefferson
Fotografien: Mike Cooper

Übersetzung aus dem Englischen:
Anke Wagner-Wolff

Hinweise zur Nutzung

Für alle in Löffeln angegebenen Mengen gilt: 1 Teelöffel (Tl) entspricht 5 Millilitern und 1 Esslöffel (El) 15 Millilitern. 1 Teil entspricht 25 Millilitern.
Sofern nicht anders angegeben, ist mit „Milch" Vollmilch gemeint. Eier, Obst oder Gemüse sollten von mittlerer Größe sein. Mit Pfeffer ist frisch gemahlener schwarzer Pfeffer gemeint und mit Salz Tafelsalz. 1 Prise Salz entspricht 1/16 Teelöffel. Wird im Rezept die Schale von Zitrusfrüchten benötigt, dafür nur ungespritzte und ungewachste Bio-Früchte verwenden und diese gründlich abwaschen. Falls man keine unbehandelten Früchte bekommt, die Zitrusfrüchte vor dem Gebrauch kräftig in warmem Seifenwasser abbürsten, anschließend mit reichlich klarem Wasser nachspülen. Sofern nicht anders angegeben, sind alle Wurzelgemüse vor der Verwendung zu schälen.

Bitte gehen Sie mit Alkohol maßvoll und verantwortungsbewusst um.